D0681636

DU MÊME AUTEUR

Aux éditions Monte-Cristo :

BRÉVIAIRE DE L'HOMME D'ACTION

PHILOSOPHIE DU QUOTIDIEN

ITINÉRAIRE D'UN SIMPLE
SUIVI DE LE VAGABOND-DIEU

NOUVELLES DE LA VIE SUR TERRE
1. DES GENS EXTRAORDINAIRES
2. DES CHOSES FORT BIZARRES

JOUCHKA ET LES INSTANTS D'ÉTERNITÉ

LE LIVRE DE BEL AMOUR ET DE SAINTE-ESPÉRANCE

Aux éditions Dervy :

LA RACE DES SAMOURAÏS

Si vous désirez être informé des publications de l'éditeur de cet ouvrage, il vous suffit d'adresser votre carte de visite aux Éditions Monte-Cristo, 48 rue des Marquisats 74000 Annecy, avec la mention «info édition». Vous recevrez personnellement et sans engagement de votre part un courrier de présentation concernant chaque nouvelle parution.

JADE
ET LES SACRÉS MYSTÈRES DE LA VIE

JADE
ET LES SACRÉS MYSTÈRES DE LA VIE

est également disponible dans sa version luxe d'origine
format album, couverture cartonnée, papier satiné 150 g,
présentée sous étui-fourreau pelliculé.
(ÉDITION RELIÉE – ISBN 2–909403–01–7)

Du même auteur, dans le même esprit,
chez le même éditeur :
JOUCHKA
ET LES INSTANTS D'ÉTERNITÉ

ÉDITION BROCHÉE
ISBN 2–909403–09–2

© *Monte-Cristo, 1991*
pour le texte et les illustrations

FRANÇOIS GARAGNON

JADE
ET LES SACRÉS MYSTÈRES
DE LA VIE

AVEC DES ILLUSTRATIONS DE L'AUTEUR
Texte intégral suivi d'une postface
et augmenté de notes de lecture

11e ÉDITION

Monte-Cristo

A Dieu.

A Céline qui m'a offert « la tendresse absolue comme une violence du bonheur, une provocation de l'innocence, une nostalgie de ce qu'on ne sait pas nommer ».

Aux merveilleuses petites princesses Eloïse et Siffreine — qu'il resterait à inventer si elles n'existaient pas.

A ma petite sœur Sophie, à mon âme sœur «Gloria» (Florence), à Silvana, Angelina et Violaine, pour que demeurent dans leur mémoire les sortilèges d'un âge d'innocence, de fable et de liberté, où il suffisait de faire glisser un palet pour passer de terre à paradis.

A toutes les petites-filles-fleurs qui ont ravi à la Création le parfum pur et si délicat de la beauté.

...Et à toutes les grandes personnes qui ont gardé en elles assez d'enfance et de tendresse pour s'en émerveiller.

*L*a petite fille que j'ai rencontrée est une créature bien singulière. Elle s'est mis dans la tête qu'il fallait sauver le monde dans sa saveur. Ni plus, ni moins. Elle joue avec les idées comme d'autres jouent aux dés, mais avec des théories bien précises sur le hasard qui, selon elle, s'écrit avec un grand D...

Dieu, puisque c'est de lui qu'il s'agit, semble s'amuser comme un beau diable à faire transiter par la bouche de cette gamine des histoires et des paraboles *« tellement importantes, j'te jure, que l'avenir de l'humanité en dépend ».*

Son parler est un très insolite mélange de naïveté enfantine et de sagesse moraliste. De cette fusion de deux styles aussi opposés — l'un sentencieux, l'autre familier — naissent des formulations irrésistibles.

Leur drôlerie toutefois, ne doit pas amoindrir la vigueur de leurs enseignements, car ainsi que le dit Jade (qui a toujours le dernier mot), aussi paradoxal cela puisse-t-il paraître, on peut être à la fois aérien et profond.

Bref, Jade aime qu'on l'écoute *« à l'étage au-dessus »*. Traduisez : au second degré. Evidemment, son jargon mériterait parfois quelques annotations de traducteur ou de lexicologue. Pour ma part, je me suis accoutumé à ce phrasé quelque peu déroutant, mais sans en saisir toutes les subtilités. Je suis loin de maîtriser parfaitement sa langue. Certains mots resteront, pour vous comme pour moi, un brin hermétiques. Réponse de l'intéressée : *« Un mot, c'est comme une pomme; il faut mordre dedans pour en découvrir la saveur cachée, la fruissance. »* Comment ne pas lui pardonner cette naturelle coquetterie devant la profusion inventive de ses images poétiques, sa fraîcheur et son esprit d'émerveillement ?

Une des trouvailles de Jade, c'est que le rêve ne s'use que si l'on ne s'en sert pas. En d'autres termes, il ne faut pas mettre ses grands projets en réserve, en se disant : on verra plus tard, et en continuant à suivre cahin-caha « *son p'tit bonhomme de chemin, sa p'tite bonne femme de vie* ». Non, nos rêves, il faut nous y consacrer ici et maintenant. Et y goûter avec des yeux qui brillent, comme brillent les yeux d'enfants lorsqu'ils découvrent un cadeau longtemps désiré.

J'ai longtemps hésité à publier ce livre. Jade a toujours symbolisé pour moi quelque chose d'éthéré, d'infiniment subtil, tel un parfum qui passe et qu'on aimerait garder pour soi à la manière d'un secret.

Et puis un jour, elle me parla de feu, de flamme, de tendresse et de choses comme ça. Elle me disait qu'elle voulait être non pas une femme, mais une flamme. Elle avait entendu je ne sais où l'expression « tout feu tout flamme », et elle avait fermement décidé d'être l'un et l'autre pour de vrai, c'est-à-dire très exactement : le feu et la flamme.

Attendez… si je me souviens bien, c'était beaucoup plus précis que cela. Et si je l'écoutais avec une particulière attention, c'est qu'elle me semblait vouloir délivrer un message terriblement important : elle me parlait d'une flamme, mais pas comme toutes les flammes, une flamme à la fois toute petite et fragile et qui, bien qu'exposée à tous les vents, ne s'éteindrait jamais, n'arrêterait pas de danser, pour apporter de la chaleur, de la lumière et de la joie à tous ceux qui l'approcheraient. Elle voulait qu'on la regarde comme on regarde un feu de cheminée, un feu destiné non pas à consumer, mais à illuminer. Au fond de l'âtre, au fond de l'âme. Elle ajoutait, comme pour se justifier : « *je voudrais être le porte-sentiment de l'espérance…* »

Et c'est ainsi que je conçus le projet de faire connaître Jade au monde entier. Ni plus, ni moins — pour reprendre son expression.

Rend-on hommage à une petite fille ? Qu'importe ! pour moi, cette petite fille est une grande dame ! Et sa règle de savoir-vivre, ce n'est pas d'éviter de mettre les coudes sur la table. C'est d'apprendre à se tenir droit, entendez : à tenir son esprit droit. Pour être tout à fait digne de participer au festin de la vie.

Lorsque je me suis décidé à annoncer à Jade que j'écrivais un livre rapportant ses propos essentiels, j'avoue que je ne savais pas trop comment elle le prendrait. Voulez-vous que je vous dise ? Elle a fait la moue, a posé drôlement ses mains sur ses hanches et m'a considéré avec un mélange de pitié et de tendresse comme si mon cas était tout à fait désespéré : « *T'es fou. Ils vont rien comprendre ! Tout ça, c'était juste un trilogue entre toi, moi et Dieu...* »

Elle disait ça avec une malicieuse ingénuité, qui était presque une manière de s'excuser d'avoir pris tant de place dans mon cœur.

J'entends encore son rire léger et rebelle qui s'envola comme un cerf-volant dans le grand bleu de l'imaginaire.

1.
Un sacré mystère

Un mystère a longtemps plané dans ma tête, avant de se poser sur une branche de ma conscience. Ce mystère avait une sacrée envergure et je l'ai approché tout doucement, d'abord parce que je voulais éviter qu'il s'envole, et puis aussi parce que j'avais un peu la frousse. Ce mystère, c'est celui de la présence de Dieu.

J'arrivais pas à comprendre pourquoi Dieu qui était soi-disant partout, on le voyait nulle part. Or un jour, je me suis réveillée tout ensoleillée de bonheur. Ça m'arrive des jours, je sais pas pourquoi, j'ai tellement de ciel bleu à l'intérieur de moi que j'ai l'impression d'avoir mangé de l'infini. Ça te fait mousser le coeur, ça te monte à la tête, et tu te sens pétiller. C'est comme si tu avais bu un peu trop de champagne. Tu titubes d'allégresse. C'est grisant, suave et exquis !

Tu sais comment les Grecs ont baptisé ce pétillement de l'être ? Enthousiasme. Paraît-il, cela veut dire : exaltation produite par l'inspiration divine. C'est le Dieu intérieur. On ne lui prête guère d'attention parce qu'il se fait tout petit-petit, et que bien souvent il y a un vantard au-dedans de soi qui lui prend la parole, et qui s'appelle le MOI. Voilà, voilà.

Ainsi donc, j'étais tout ivre d'allégresse, et je me suis aperçue que cette euphorie était sans raison. Je me suis dit : s'il n'y a pas de raison, il y a peut-être de la passion. Et c'est alors que j'ai entendu : « Je t'aime ». Ça alors ! J'te jure que j'ai failli tomber en pâmoison ! Ce *Je t'aime*, je ne l'ai pas entendu dans le creux de l'oreille, c'était beaucoup plus fort que ça : je l'ai entendu par l'esprit, par le corps, par le coeur. Une tendresse infinie qui serait montée comme une mer intérieure pour t'immerger. Et j'ai compris que c'était Dieu qui m'avait submergée et subjuguée. Là, tu ressens un sentiment océanique, et tu ressors en île, tout éclaboussé de

18

bonheur. Alors a commencé entre lui et moi une grande histoire d'amour.

Depuis que je connais Dieu, j'ai beaucoup changé. Oh! de l'extérieur je n'ai pris que quelques centimètres, mais j'ai peuplé mon royaume intérieur de plusieurs milliers de sujets d'intérêt, et je suis bien décidée à ne pas en rester là ! Voilà, voilà : avant, je n'étais qu'un petit bout de femme de rien du tout; maintenant, je suis une créature unique, parmi des milliers de milliers. C'est une sacrée métamorphose qui est à la portée de tout le monde, à une condition : aimer et se sentir aimé. Pour de vrai, et pour toujours.

Il me rend tellement heureuse, Dieu, que j'aimerais parfois qu'il soit à moi toute seule, comme un fiancé. Ce que j'arrive pas à comprendre c'est qu'il n'appartient à personne et qu'il est à tout le monde. Il est à la fois public et privé, impersonnel et intime, invisible et présent. Mais je crois que c'est mieux comme ça : s'il était trop présent, ça ferait des jalousies et des histoires, des sous-entendus et des messes basses, des pleurs et des grincements de dents, des déchirures et des divorces, peut-être même des illusions perdues. On finirait par ne plus y croire, je veux dire par ne plus croire en lui.

Tandis que là, tu comprends, il ne force jamais ton coeur : tu peux lui faire la tête un jour, il ne t'en voudra pas le lendemain. C'est un sacré chic type, au fond. Il est là pas seulement quand il a envie d'être là, mais quand on a besoin de lui, même dans les pires moments. Et ça, c'est drôlement rare. Quand il dit *Je t'aime*, ce n'est jamais du bout des lèvres, c'est à pleine tendresse, avec tout l'amour du monde et puis l'accent de son pays, et puis aussi sa manière de fabriquer en un clin-Dieu des instants d'éternité.

De temps en temps, j'aimerais passer de l'autre côté, mettre un pied dans le monde invisible, juste pour voir. Mais justement : puisque c'est invisible, il n'y a rien à voir ! C'est bizarre, j'ai l'impression qu'il suffirait de se boucher les yeux pour voir autre chose que ce qu'on voit avec les yeux; peut-être bien que le monde invisible, c'est plus beau et plus vrai que le monde visible ! Comment savoir ? Parfois, j'ai envie de bien ranger les tiroirs qui sont dans ma tête, comme s'il contenait des messages importants. Trier, ne conserver que l'essentiel, faire le vide pour faire un peu plus de place à Dieu, pour m'emplir de divin, quoi ! Je voudrais qu'il m'en fasse voir de toutes les couleurs de l'arc-en-ciel, qu'il m'abandonne à moi-même, qu'il fasse semblant de ne pas exister, et puis au dernier moment, au pire moment, qu'il vienne me dire dans le creux de l'oreille : « T'en fais pas, Jade, je suis là ! C'était juste pour voir si tu m'aimais vraiment... »

2.
Les paysages intérieurs

Dieu, c'est difficile à expliquer, c'est quelqu'un qui ressemble à personne, on ne l'entend pas avec les oreilles et on le voit pas avec les yeux. On le sent, c'est tout.

Je ne sais pas si ça t'est déjà arrivé de le rencontrer, mais c'est un peu comme un tour de magie : en apparence, c'est simple comme bonjour, et pourtant il y a toujours une énigme qui plane, comme un oiseau invisible dans un espace inconnu. Il paraît que cet oiseau invisible s'appelle l'Esprit, il est même tellement pur qu'on l'appelle parfois l'Esprit saint. Quand il plane au-dessus d'un paysage, le paysage devient beau et lumineux. Quand il plane au-dessus de quelqu'un, le quelqu'un est aussitôt éclairé. Monsieur Saint-Esprit, c'est un peu comme un allumeur de réverbères, il illumine tout ce qu'il approche. Donc, la présence de l'Esprit, c'est facile à reconnaître : on respire un parfum d'harmonie, d'équilibre et de transparence. C'est simple, c'est comme si l'homme ressentait une connivence. Une connivence entre sa petite graine de vie et le grand bouquet de l'infini, entre le visible et l'invisible. Comme si M. Saint-Esprit serrait la main à M. Homme :

— Ça va ?

— Ma foi, pas mal, et vous ?

Question bête, évidemment. On ne demande pas au Saint-Esprit si ça va, pour la bonne raison que lui, ça va toujours. L'avantage, quand on est Dieu, c'est qu'on peut fabriquer de la joie avec n'importe quoi. Même avec de la peine, même avec de la souffrance. C'est dommage qu'on connaisse pas son truc, parce que moi ça m'arrive le matin de me réveiller avec des gros nuages gris foncé dans la tête, impossibles à chasser; parfois même ils déclenchent des orages terribles qui débordent par les yeux. Dans ces moments-là, maman vient me voir pour sécher mes larmes avec son grand soleil de tendresse :

— Qu'est-ce qui ne va pas, ma chérie ?

J'aimerais bien lui dire, parce qu'à une maman on ne cache rien, mais je ne sais pas quoi dire. Il pleure dans mon cœur et je ne sais même pas pourquoi ! Ça vient comme ça, tout seul, c'est comme si on était tout chiffonné de l'intérieur, avec le cœur froissé et les yeux si brouillés qu'on fait des omelettes d'idées ! C'est comme l'enthousiasme, on sait pas d'où ça vient. A une nuance près : l'enthousiasme, ça aide à inventer le bonheur, et c'est rudement bon; tandis que la tristesse, c'est parfois comme le mauvais temps qui s'installe, on a l'impression que le soleil a disparu pour toujours !

Maman, elle rit quand je lui parle de mes nuages gris foncé. Je ne sais pas comment elle fait, elle est toujours gaie. Si c'était un pays, ce serait un pays du sud, où il fait beau quand ailleurs il pleut. Quand elle me parle, ça libère de grands espaces de ciel bleu : en un rien de temps, elle vous badigeonne l'imaginaire avec des couleurs gaies. Ça vous réchauffe d'un coup, là où il faisait froid dans le dedans de soi.

— On a tous des jours de pluie. Mais cela ne change rien au paysage. Regarde par la fenêtre... Tu vois ce paysage. Il est plongé dans la nuit, demain il sera baigné de lumière. Et puis il y aura l'automne, et la neige, puis les fleurs s'épanouiront à nouveau, et enfin on retrouvera la chaleur de l'été. Qu'est-ce qui aura changé ? Tout. Rien.

« Eh bien, notre paysage intérieur, c'est un peu pareil : il y a des climats changeants, des pressions fluctuantes, des saisons qui se succèdent, des cycles et des rythmes, de la pluie et du beau temps. Il y a une perpétuelle métamorphose, et cependant rien ne change. C'est toujours le même paysage. Tu es toujours toi. Il faut t'accepter pareillement, sous la neige et sous le soleil. »

Ce qui est bien avec maman, c'est qu'elle apprend à contempler la beauté même quand il fait pas beau : j'ai compris comme ça qu'une personne, c'est un peu comme un paysage. Si vous l'aimez vraiment, vous n'avez pas besoin qu'elle soit tout le temps au beau fixe pour l'aimer.

Un jour, je me promenais sous un p'tit nuage gris foncé. C'était drôle, parce que j'avais l'impression qu'il me suivait, comme un cerf-volant, comme s'il était relié à moi par un fil invisible. Au bout d'un moment, naturellement, il s'est créé une certaine complicité entre nous, de sorte que ce nuage gris foncé, j'ai fini par le trouver beau et par l'aimer. On les voit autrement, les choses, quand on découvre leur beauté. C'est alors que je me suis aperçu qu'un côté du nuage gris foncé, le côté tourné vers le haut, était toujours illuminé par le soleil. Il pleut dessous, mais là-haut, c'est toujours le grand beau. Ça, c'est l'avantage du Royaume des Cieux : ensoleillement assuré toute l'année !

Nous, c'est un peu pareil : notre esprit peut rester au beau fixe s'il est tourné vers le haut, c'est-à-dire vers le bon Dieu. Si on sait regarder le dessus du dedans, on n'est jamais sens dessus-dessous !

Tu sais, ça m'est déjà arrivé d'être bien malheureuse. Eh bien, je me suis aperçue que la seule façon de chasser le brouillard qui plane à l'intérieur, c'est de faire briller un moment des rayons de sourire. Tu me diras : c'est difficile de sourire quand on est malheureux. En fait, on apprend. Et on s'aperçoit vite qu'il est encore plus difficile d'être malheureux quand on sourit.

Voilà voilà.

3.
La parabole
des deux sentinelles

Un jour maman m'a raconté une histoire, je sais pas si elle est vraie, c'est peut-être rien qu'un conte pour les z-enfants, en tout cas elle est drôlement belle, cette histoire, si belle même que j'en ai pleuré. Maman n'était pas très contente parce que justement, elle me racontait cette histoire pour chasser mes nuages gris foncé. « Tu crois que ça m'amuse de faire la pluie et le beau temps ? » Je lui ai expliqué que c'étaient des larmes de joie, et elle a sans doute cru que je disais ça pour lui faire plaisir, alors qu'en fait, c'était vrai. Donc, c'était un soir, je voulais qu'elle me raconte des histoires avec son grand soleil de tendresse. Et voilà ce qu'elle m'a raconté.

— Quand j'étais petite, j'étais convaincue qu'il y avait des préposés célestes chargés de faire la pluie et le beau temps. Le temps était donc fonction de leur humeur. Ils ne manquaient pas de faire savoir que celle-ci était maussade ou carrément exécrable en programmant la pluie pour une période prolongée. A d'autres périodes, ils manifestaient quelque extravagance en répandant avec abondance des rayons de soleil aoûtiens en plein hiver, en s'amusant au printemps à créer un coup de froid et à saupoudrer de neige les sommets, ou à sortir le grand jeu en pleine canicule, avec tonnerre de Jupiter, feu d'artifice apocalyptique, et méchant orage. Sur terre, personne n'y comprenait rien, et les météorologistes s'efforçaient de maintenir leur crédibilité avec des histoires d'anticyclone des Açores…

« Cette image des préposés célestes m'en a inspiré une autre : nos états d'âme déterminent finalement notre climat intérieur. Lorsque notre coeur est au beau fixe, nous sourions en permanence, nous nous sentons gais et lumineux. En revanche, lorsque notre girouette est mal tournée, il faut s'attendre à des pleurs et des grincements de dents. Avec un peu d'habitude, il nous est loisible de faire en nous la pluie et le beau temps à volonté. Tout, finalement, est une question d'état d'âme : la confiance en soi amène le succès, l'illusion crée la déception, la crainte systématique entraîne l'échec, l'amour suscite l'espérance... Tous les événements que nous vivons trouvent leurs racines en nous, dans nos prédispositions conscientes ou inconscientes.

« Au sujet de la pluie et du beau temps, je vais te raconter une histoire. Il est déjà bien tard, et j'espère que tu es prête à t'abandonner à la douceur des songes, avec l'émerveillement d'une toute petite Jade qui écoute attentivement un joli conte. Tu y es, petite princesse ? Alors, je te raconte *La Parabole des Deux Sentinelles.*

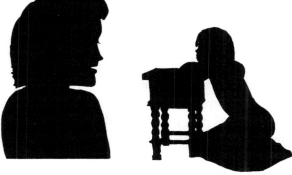

« Il était une fois un prince d'une lointaine province, immensément riche et puissant, qui décida un jour de s'adonner à la quête de la seule chose qui lui manquât : le bonheur.

« Il commença par clouer l'aiguille de son baromètre sur beau fixe et à immobiliser la girouette, car lorsque cette dernière était mal tournée, il devenait lui-même de fort méchante humeur. En vérité, il avait remarqué à quel point l'homme est sensible aux états d'âme — ces climats intérieurs qui décident de notre bonheur ou de notre mauvais sort —, et il était bien décidé à mettre toutes les chances de son côté.

« Puis il recruta deux augures, réputés pour être les plus talentueux oracles du royaume, l'un pour son inspiration très spontanée, l'autre pour sa sagesse et la lucidité de ses prophéties. Les deux augures se présentèrent le jour dit, et le Prince les accueillit dans son for intérieur.

— On m'appelle *l'Espérance*, dit gaiement la première créature, et à son air enjoué sans raison, le Prince avait quelque raison de penser qu'il avait affaire à une illuminée.

— On m'appelle *la Crainte*, dit l'autre en tressaillant, et ses yeux hagards portaient les signes de l'anxiété.

« Dès qu'il les vit, le Prince fut surpris de constater à quel point les deux augures qu'on lui avait recommandés étaient différents l'un de l'autre. Son étonnement fut d'autant plus grand lorsqu'il apprit que ces deux singulières créatures étaient cousines au premier degré, et qu'elles ne se séparaient jamais.

— Pourquoi es-tu verte, toi ?

— Parce que je suis l'Espérance ! pouffa la première sur un ton d'évidence.

— Et toi, pourquoi es-tu bleue ?

— Oh! Je tiens ça de ma mère, qu'on appelle

la peur...

« Le Prince leur donna le titre honorifique de *faiseurs de l'Etat d'âme* et en fit ses deux sentinelles dévouées, dont la mission était de veiller sur ses sentiments en se relayant de jour comme de nuit. Elles surveillaient les lointains et se manifestaient dès qu'un fait notable apparaissait dans le ciel. Elles délivraient régulièrement des bulletins climatiques intérieurs qui décidaient des états d'âme du Prince. Bref, elles faisaient la pluie et le beau temps dans le coeur de leur maître.

« Pour ce dernier, c'était chaque jour le supplice de l'attente, car ses sentinelles apportaient des informations contradictoires qui ne laissaient pas de le troubler, au point qu'il ne savait plus trop à quoi s'en tenir, ni à quel sentiment se vouer. Face au même événement, l'une des sentinelles encourageait ses élans et attisait ses rêves de bonheur et de sérénité, tandis que l'autre ne cessait de le contaminer de doute, et d'entretenir en lui la fièvre de l'incertitude.

« Ainsi l'Espérance lui lançait avec fougue :

— Vois comme il fait beau ! Vois comme tout est à la fois simple et sublime sous le soleil ! Qu'attends-tu pour être heureux ? La vie est comme une mère qui te tend les bras. Je vais convertir ton coeur à l'enthousiasme et à la ferveur.

« Portée pour le moins à tempérer les excès lyriques de sa cousine, la Crainte tirait le Prince par la manche afin d'attirer sa vigilance sur les probables maléfices que pouvait dissimuler cette clémence momentanée des cieux. Elle murmura gravement à son oreille, telle une confidente l'honorant d'un secret important :

— Il fait beau certes, mais ça ne va pas durer. Quand tout semble au beau fixe, méfie-toi : cela cache toujours quelque chose. Rien n'est éternel sous le ciel, et ce qui est aujourd'hui peut très bien ne plus être demain. La nature est une marâtre.

« Tiraillé entre l'Espérance et la Crainte, le Prince ressentit un malaise profond. D'autant qu'il s'était très amoureusement épris d'une jeune beauté dont la seule pensée lui procurait d'intenses sentiments d'exaltation qui alternaient avec d'étranges accès de doute et de douloureux tourments.

« Le jour où un violent orage vint à éclater dans le coeur du Prince, la Crainte lui annonça sur un ton victorieux :

— Je te l'avais bien dit. Vois : j'ai toujours raison !

« Le Prince convoqua expressément

l'Espérance, et lui demanda avec autant de dépit que de sévérité :

— Pourquoi m'as-tu menti ?

« L'Espérance sourit :

— Homme de peu de foi ! Certes, après le coup de foudre vient l'orage. Mais ensuite, le ciel devient pur et lumineux, et le paysage merveilleusement beau. Simplement, il faut savoir attendre la fin de l'orage. Si chacun s'enferme chez soi parce qu'il craint la pluie, alors les saisons passent de façon monotone, chacun reste à l'abri des plus beaux états d'âme de la nature qui, dans l'âme humaine, s'appellent les passions. Et l'on meurt sans avoir goûté véritablement la saveur de ces si belles nuits d'orage qui préparent la beauté des journées suivantes, et la délicieuse morsure d'un soleil à nouveau ardent.

— Ne l'écoute pas, rétorqua la Crainte. La vie est comme une fontaine : elle pleure toujours.

« L'Espérance rectifia :

— La vie est comme une fontaine : elle chante toujours. Il suffit de savoir l'écouter.

« *Crainte*, remarqua le Prince, cela rime avec complainte. Et *Espérance* avec enfance. Le Prince décida d'accorder un peu moins de crédit à la Crainte.

— A quoi sert un surcroît de sagesse, pensa-t-il, si celui-ci n'est qu'appréhension du lendemain, ou perpétuelle expectative de l'événement contraire ? Les meilleures choses ont peut-être une fin. Mais elles ont aussi un commencement. Alors, commençons d'être heureux. Et soyons un peu moins sensibles à la force des choses, dont c'est la nature de perturber les horizons et d'éclipser pour un temps, un temps seulement, notre enthousiasme. Qu'importe au fond si le soleil n'est qu'un éphémère et dérisoire défi aux éléments, pourvu que l'on sache en apprécier la caresse et en goûter le baiser. Et si par le cycle des saisons le soleil se fait moins chaleureux ou plus rare, eh bien considérons que c'est par coquetterie. Où puiserait-on la joie débordante des retrouvailles s'il n'y avait pas de séparation ?

« Ainsi, le Prince de cette lointaine province, qui avait jusqu'alors voulu régir jusqu'à l'ordonnancement du jardin secret de chacun de ses sujets, s'en remit à la versatilité du vent.

« Il rendit sa liberté à l'aiguille du baromètre, puis à la girouette qui eut bien du mal à se décider face à la courtoisie des quatre vents. Le soir même, elle avait épousé le sud-est, et le Prince tira ses volets avec un sourire de satisfaction. Quelques heures plus tard, il crut entendre entre deux songes, le grincement de l'ouest. Mais, comme pour se convaincre qu'il n'y aurait pas de contre-temps, il s'en remit à la Providence et s'empressa de s'endormir sur l'image de la girouette qui flirtait avec le vent du sud.

« Le lendemain, le Prince connut sa première vraie journée de bonheur : tout était maussade et sombre autour de lui et sous le ciel, mais son coeur était resté au beau fixe. Il avait décidé d'employer l'Espérance à temps complet et d'en faire la sentinelle exclusive de son Etat d'âme. La Crainte partit en soupirant, mais n'eut guère de mal à retrouver du service, car en dépit de sa mauvaise réputation, elle était très courtisée par les hommes... »

4.
La force de l'abandon

A l'école, la maîtresse n'arrête pas de me dire :
« Jade, si tu veux, tu peux... Il suffit de vouloir
pour pouvoir... » Et tout plein de variantes du
même genre... Eh ben, je vais vous dire : la
maîtresse, elle se goure complètement !

Je ne dis pas ça pour l'embêter, d'ailleurs je
l'aime bien ma maîtresse, elle est gentille — un
peu simple d'esprit, mais pas plus que les autres
grandes personnes. Elle se trompe, parce que
dans la vie, l'important ce n'est pas la volonté,
c'est l'abandon. Je savais que cela vous ferait
sourire... Vous vous dites : ça y est, Jade a
inventé la philosophie du hamac et des orteils en
éventail ! Non, sérieusement : vous croyez que
c'est mon genre ? Quand je dis abandon, cela ne
consiste pas à se croiser les pouces en attendant
que ça se passe. Ça, c'est plutôt du fatalisme, ou
de la lâcheté, ou de la démission, ou de la
résignation. Moi, je parle de l'abandon à la
volonté divine. C'est simple : plutôt que de
compter sur ma petite volonté personnelle, je
m'en remets à la volonté de Dieu. Je me suis
aperçue qu'il faisait les choses beaucoup mieux

que moi, Dieu. C'est un as, vous savez ! Seulement, il n'aime pas les tire-au-flanc, alors il faut lui donner un coup de main, il faut y croire. Vous avez remarqué ? Dans *y croire*, il y a le mot croire. L'important, c'est d'avoir la foi. C'est pour ça que la maîtresse, elle ferait mieux de dire : « Si tu crois, tu peux ». Là, ce serait un vrai conseil. Pour toute la vie.

C'est une fabuleuse trouvaille, l'abandon à la volonté de Dieu. Le problème, c'est que les gens n'y croient plus. Ils ne croient plus qu'en eux, alors ils font leur petite volonté, et bien sûr, ça ne marche pas, ou pas très longtemps. Et comme ça ne marche pas, ils disent que la vie est mal faite. C'est un vrai drame. Parce que la vie, c'est une grande histoire d'amour, et les gens la ratent parce qu'ils aiment pas assez. Y z-osent pas aimer, ou bien y z-aiment mal. Dieu, c'est pas qu'ils ne l'aiment pas, mais ils y pensent pas, ou bien ils veulent pas trop y penser parce qu'ils s'en méfient un peu. Ils se disent : « Agneau de Dieu qui enlève le péché du monde, fiche-nous la paix ! » Chacun dans son coin. Alors là, vous savez, Dieu n'insiste pas. Il sait pousser la porte si vous la laissez ouverte, ou même rien qu'un p'tit peu entrebaîllée, ou même fermée et qu'il voit de la lumière qui passe par dessous. Mais si vous fermez votre cœur à clé et que vous voulez rester dans le noir, eh bien il forcera pas la serrure. Ce n'est pas qu'il pourrait pas : Dieu, vous savez, il est tout-puissant ! Il pourrait jouer le gentleman-cambriocœur, mais il préfère pas. Il laisse l'homme libre de choisir. Et comme les gens ont un tas de problèmes de conscience et d'inconscience, ils choisissent la solitude, et ils se cadenassent dans leur fort intérieur, et c'est un peu le désert des tartares, parce qu'il ne se passe jamais rien, ou rien que des illusions perdues. Pardi : ils ont oublié le grand seigneur ! Leur solitude, elle se voit pas de l'extérieur : y a plein de gens autour d'eux, mais ça n'empêche. Tant que t'as pas Dieu dans le dedans de toi, tu es comme une coquille vide, tu es seul, complètement seul.

J'ai compris tout ça avec mes nuages gris foncé. C'est drôle, personne s'est jamais posé la question : quand on dit « il fait beau », « il pleut », qui c'est le « il » ? T'as jamais deviné que c'était Dieu ? C'est lui qui fait la pluie et le beau temps. Eh bien, dans le dedans de toi, c'est toi qui fais la pluie et le beau temps, c'est toi qui changes tes climats intérieurs. Le matin, tu peux dire : « Bon, assez pleuré, aujourd'hui, je fais beau ! » Ça dépend rien que de toi. Mais tu peux te faire aider aussi. Par exemple, quand tu es très chagrin et qu'il pleure très fort dans ton cœur, si tu penses à Dieu et qu'il te vient un petit rayon de sourire, eh bien tu sais ce qu'il fait, Dieu ? Ce rayon, il le transforme en plein soleil, qui t'illumine de l'intérieur. Le sourire, c'est un clin-Dieu, alors normal : ça permet des miracles. Les nuages gris foncé disparaissent comme par enchantement dans le grand bleu de l'éternelle harmonie.

C'est un peu comme maman, avec son grand soleil de tendresse. Des fois, je suis tellement malheureuse que j'ai l'impression que le soleil a disparu pour toujours et que Dieu n'habite plus à l'adresse indiquée. Si je suis les conseils de ma maîtresse : « Jade, si tu veux, tu peux », eh bien rien n'y fait, je n'arrive pas à me changer les idées. Mais quand maman vient, je m'abandonne, parce que je l'aime très fort-très fort, plus même parfois que Dieu, parce que l'avantage c'est qu'elle peut me serrer dans le creux de ses bras, et que je me prends alors pour un petit oiseau dans un nid tiède, et c'est drôlement bon. Alors le soleil revient, parce que je m'abandonne à la tendresse de maman, et que la tendresse de maman c'est un peu la volonté de Dieu, parce que Dieu ne veut dans nos vies que de la vraie tendresse. Tu piges ?

Mais l'abandon, c'est pas uniquement quand il pleure dans ton cœur. C'est pour tous les jours.

Tiens : un projet, par exemple. On a tous des projets, on a tous envie qu'ils se réalisent. Seulement on s'y prend mal. On veut, on s'acharne, on dépense bêtement son énergie. Et puis, vous avez remarqué ? ça ne se passe jamais comme on l'avait prévu. Alors, pourquoi prévoir ? Autant s'abandonner ! Mais attention : s'abandonner, ça veut pas dire tout lâcher, et attendre que cela se passe. C'est beaucoup plus subtil que ça !

Je vais t'expliquer : deux personnes désirent quelque chose. Il y en a une qui dit : « je veux, j'y arriverai », et tous les gens applaudissent, parce qu'ils se souviennent qu'à l'école, la maîtresse leur disait : « Si tu veux, tu peux… ». On se dit : « celui-là, c'est un battant, il ira loin ». Penses-tu : il arrive jamais nulle part ! C'est Napoléon, je crois bien, qui disait que les gens qui savent où ils vont ne vont jamais bien loin. Alors, justement : l'autre personne, c'est quelqu'un qui ne sait pas trop où il va. Mais il a comme un élan irrésistible, il connaît la direction et la démarche. Cet homme là, il connaît tous les secrets de l'abandon. Il s'abandonne au juste rythme, le reste suit tout seul. C'est comme un sportif : à un moment, toute sa volonté, il l'abandonne au juste rythme. Car c'est le rythme qui va le faire gagner, pas la volonté.

Si tu regardes un surfer, tu t'aperçois que c'est lorsqu'il s'abandonne à la vague et obéit à un certain rythme qu'il réussit les figures les plus belles et les plus longues; tandis que s'il s'accroche à sa volonté, il est assuré de tomber. Donc, il ne cherche plus à vouloir, il cherche le bon rythme. Cela n'est plus de la raison, c'est de l'intuition, du senti. Pour nous, c'est pareil : quand on surfe au-dessus du compréhensible, on doit savoir s'abandonner au rythme de la vague, c'est la seule manière de pas perdre l'équilibre et de pas se retrouver le bec dans l'eau !

Lorsqu'on s'abandonne, on libère le meilleur de soi. Tout ce qui était contraint s'élance harmonieusement, on s'ouvre à la vie, on se sent délivré. C'est la puissance du dedans qui va forcer tous les obstacles, comme un torrent qui jaillit, que rien ne peut arrêter et qui se nourrit de son abondance... Car l'abandon amène l'abondance, abondance perpétuelle. Si tu comptes sur ta petite volonté, c'est comme si tu tournais de manière calculée un robinet qui va libérer un petit ruisselet d'énergie : à force d'économiser, ton cœur est menacé de sécheresse, plus rien n'y pousse, ni le succès, ni les projets, ni la tendresse, ni rien qui vaille de vivre.

Moi, j'ai compris un grand secret... approche-toi, je vais te le glisser dans le creux de l'oreille... là où il y a de l'abandon, il y a de l'amour, et là où il y a de l'amour, il y a Dieu. Voilà, voilà. Il faut savoir choisir, et puis tout donner, sans se retenir, s'abandonner au courant après s'être assuré de la pureté de sa source, se laisser porter par son propre élan, sentir le rythme, l'équilibre et l'harmonie, savourer le goût de la vie, et dans un grand soleil de tendresse, dire merci à Dieu, merci de nous guider vers des mondes inconnus et de nous porter sans se lasser, sans se fatiguer, sans ralentir sa course, loin, loin, loin... Laisser Dieu couler en nous comme une source. Tout simplement. Quand tu auras compris ça, tu verras : la vie, ça coule de source...

5.
Libérer la source

Il faut devenir des sources, il faut que les autres aient envie de se désaltérer à notre source.

Vous avez remarqué ? On ne dit pas : « je meurs d'espoir », pourtant on dit : « je meurs de soif ». C'est bien la preuve que c'est drôlement important, la soif, puisque notre vie en dépend. Il y a énormément de gens qui continuent à vivre sans s'apercevoir qu'ils sont morts. Je veux dire qu'ils existent, mais ils vivent pas vraiment. Vivre, c'est pas seulement respirer, bouger, se lever, travailler et aller chercher de l'argent à la banque ! A la fin de votre vie, vous croyez que vous vous en souviendrez de tout ça ? Ce sera un foutu pêle-mêle, il n'y aura pas grand chose de valable à retenir, d'ailleurs c'est simple : vous serez complètement gâteux, et vous mélangerez tout ! Bien que vous ayez vécu des milliards de milliards d'instants, eh bien c'est comme si rien ne s'était passé véritablement. Alors, vous vous direz : « C'était donc ça, la vie ? » Et ce sera comme si vous n'aviez rien vu passer…

Vous trouvez ça intelligent, vous, d'en arriver là ? Tenez, je suis sûre que vous avez plein de grands projets dans la tête, pas vrai ? Oh ! bien sûr, il y a projet et projet. Il y a ce que vous voulez avoir, mais ça c'est votre affaire. Ce qui est beaucoup plus intéressant, c'est ce que vous voulez être. Souvent vous pensez à ce que vous avez toujours voulu faire. Seulement, cet idéal, vous trouvez toutes sortes d'excuses pour pas le réaliser : la force des choses, le manque de temps, les impératifs de la vie quotidienne… Alors, vous vous dites : « On verra ça plus tard ». Mais qu'est-ce que ça veut dire « plus tard » ? Vous voulez vraiment que je vous le dise ? Eh bien, ça veut dire « jamais » !

Si vous pouvez le faire et que vous le faites pas, à quoi ça sert que vous puissiez le faire ? Vous êtes pas plus avancé que celui qui peut pas. Vous êtes même moins avancé. Parce que celui qui ne peut pas, ce n'est pas de sa faute, tandis que vous, c'est que vous gâchez votre talent. C'est comme si vous êtes heureux et que vous le montrez pas : comment les autres, ils peuvent savoir que vous êtes heureux ? C'est comme si vous l'étiez pas ! D'ailleurs, le bonheur, c'est tellement grand, c'est tellement abondant, qu'on ne peut pas le garder rien que pour soi tout seul; ou alors, ce n'est pas du cent pour cent pur bonheur : c'est un mélange de plaisir, d'égoïsme, d'émoustillement, un tralala qui n'a rien à voir avec l'Alleluia.

Je vais vous dire : le rêve, ça s'use que si on ne s'en sert pas! Si vous attendez que vos rêves prennent la poussière, eh bien vous serez bientôt un vieil épouvantail plein de toiles d'araignée!

Si vous réalisez pas vos projets maintenant, c'est que ce sont des ballons de baudruche, ou bien c'est que vous n'êtes pas chiche. De deux choses l'une : soit vous vous hissez au-dessus de vous-même pour être à la hauteur, à la hauteur de vos rêves, soit vous restez un p'tit bout d'homme sans intérêt qui fait du terre-à-terre toute sa vie parce qu'il a soi-disant pas le temps de regarder les étoiles… Voilà, voilà.

Vous savez pourquoi les gens, y z-osent pas ? Eh bien parce qu'ils ont fait de leur vie un petit filet d'eau. Ils ont peur de manquer, alors ils ouvrent le robinet tout doucement, ils font du goutte-à-goutte pour s'économiser.

Je vais vous dire : Raphaël, c'est un ami à moi. Lui, c'est pas un petit filet d'eau, c'est une vraie cascade ! Je lui ai demandé une fois comment il faisait pour avoir tant à dépenser et, à force de se donner, s'il avait pas peur d'être sec. Il a ri aux éclats, Raph', pas pour se moquer, mais parce que dans ces moments-là, il dit que je suis un sacré bout d'chou. Là, il m'a dit : « Jade, vraiment, tu es irrésistible ! », et puis il m'a tout expliqué :

— Tu as déjà regardé une cascade ? C'est comme une chute et une renaissance perpétuelle. L'eau n'arrête pas de tomber, à profusion. On dirait même que plus elle s'enfuit, et plus elle arrive ! Plus elle dépense d'énergie et de fougue, et plus elle est généreuse ! Plus l'eau s'exprime de manière impulsive et entière, et plus elle est pure ! Eh bien toi, c'est pareil.

« Tu as entendu parler des nappes phréatiques ? C'est l'eau de dessous la terre qui alimente les puits et les sources… Eh bien, je crois, moi, qu'on a des sortes de nappes phréatiques qui sillonnent notre être tout entier. Si on ne sait pas libérer la source, eh bien elle se tarit, et on devient des cœurs secs… C'est pour cette raison qu'il faut devenir des sources pour les autres. Pour pas qu'ils meurent de soif. Bien sûr, on ne s'improvise pas source, on devient. Tu penses peut-être qu'il faut avoir beaucoup d'eau pour en donner. Et là, tu te trompes. Monsieur Saint-Exupéry a dit : « Plus tu donnes, plus tu t'enrichis; plus tu vas puiser à la source véritable, plus elle est généreuse. » Tu comprends ? »

Je dois avouer que c'était pas facile à comprendre. Pour résumer la pensée de Raph' : plus on fait les choses gratuitement, et plus on devient riche. Ah bon ! Vous croyez que si je vais voir un marchand, et que je lui dis : « Plus tu donnes, plus tu t'enrichis », il va me prendre au sérieux ? Il va

46

éclater de rire, oui, et il va me dire : « Toi, tu es bien gentille, mais je ne t'emploierais pas comme caissière ! »

J'ai bien réfléchi, et je me suis dit que ce n'était pas une affaire d'argent, mais une affaire de cœur. C'est vrai qu'on peut faire des choses pour son bon plaisir. Mais le plus grand plaisir…c'est le plaisir de faire plaisir. Au plaisir de Dieu ! Gratis pro Deo ! Raph', il appelle ça la sublime gratuité. Il dit : « A quoi ça sert de thésauriser dans son cœur ? Les sentiments qui ne sont pas donnés sont des sentiments perdus ! » Quand on a compris ça, on ne donne plus au goutte-à-goutte, on donne en cascade. Plus les sentiments jaillissent, plus ils arrivent en trombe ! Plus tu libères ta source, et plus son flot grossit !

Plus tu donnes, plus tu t'enrichis… Et si je faisais fortune, comme ça ? Chiche !.. Ça me déplairait pas, moi, de devenir milliardaire en sentiments !

6.
Carpe Diem

Hier soir, je n'arrivais pas à m'endormir. Un mystère planait dans ma tête en faisant des arabesques biscornues, et moi, ça me donnait le tournis. Il faut dire que c'est un grand-grand mystère, presque aussi grand que celui de la présence de Dieu, au point que je me suis demandé si ce n'était pas le même drôle d'oiseau.

Le hasard et la destinée... J'en avais déjà beaucoup discuté avec maman, mais là, il me venait toutes sortes de questions très importantes, tellement importantes j'te jure, que l'avenir de l'humanité en dépend. En fait, je suis née par hasard, j'ai rencontré Raph' par hasard, tout ce qui est arrivé d'important dans ma vie, c'était par hasard. Et le problème, c'est que le hasard, on n'en connaît rien du tout. Donc, cette histoire me trottinait par la tête, n'arrêtait pas de faire des allers et retours, et j'ai fini par aller réveiller maman :

— Maman!.. c'est qui le hasard ?

— Qu'est-ce qui ne va pas, Jade, tu as fait un cauchemar ?

— Non. Je pourrais pas m'endormir tant que je sais pas qui c'est, le hasard. Dis moi.

— Mais enfin, Jade, le hasard, ce n'est pas le Père Noël ! Tu voudrais que je te dise que c'est moi ?

— Que tu me dise que c'est toi, si c'est toi ! Mais j'ai mon avis sur la question... Le hasard, c'est Dieu, hein ? C'est la volonté de Dieu, c'est lui qui se cache derrière tout ça ! Alors, pourquoi il dit pas que c'est lui, si c'est lui ?

Maman, elle a eu un long soupir, et j'ai regretté de l'avoir réveillée. Mais c'était plus fort que moi. Il fallait absolument que je sache. Elle m'a dit :

— Dieu a créé l'homme libre. Il ne veut pas avoir l'air de s'occuper de ce qui ne le regarde pas... Alors peut-être bien qu'il donne des rendez-vous à l'homme en cours de route, au cours de la vie, à travers ce qu'on appelle des hasards, ou des coïncidences.

— Mais je suis pas libre s'il m'oblige à faire sa volonté ! D'ailleurs, j'ai entendu parler de la prédestination. Je ne fais pas ce que j'ai envie de faire, je fais ce que Dieu a envie que je fasse. Je suis rien qu'une marionnette…

— Tu crois que Dieu a envie qu'on fasse le mal, que les hommes se fassent la guerre, qu'ils se détestent, qu'ils se trahissent et qu'ils se tuent ?

— …Ça non, je crois pas, puisque Dieu par définition, il veut que tous les gens, ils s'aiment les uns les autres. Mais…

— Donc, cela prouve que les hommes font bien ce qu'ils veulent ! Tu sais, ma petite Jade, ce sont des grandes questions que tu me poses. Il faut éviter d'y répondre sur des coups de tête : après, on a des idées reçues, et on se trompe toute sa vie.

— Mais toi : ton avis, c'est quoi ?

— …Goethe a dit : « Dans la vie, les jeux sont donnés, mais avec un jeu donné, chacun peut faire une partie différente. » Ce qui veut dire que devant le jeu de la vie, nous avons tous des cartes, des atouts, mais que le déroulement de la partie dépend de nous, de notre talent, de notre aptitude à nous adapter, et de notre brio à maîtriser l'instant dans son ensemble. Il y en a qui gâchent leurs atouts, et d'autres qui gagnent la partie en partant avec de sérieux handicaps. Rien n'est jamais joué d'avance.

« …Vois-tu, dans la Bible, il y a une question fondamentale, qui est celle-ci : « Qu'as-tu fait de ton talent ? » Cette interpellation est bien la preuve que Dieu a laissé l'homme libre de conduire sa vie comme il l'entend. Dieu a mis en lui quelques graines, et il attend qu'il les cultive, qu'il en prenne soin. Libre à lui de les faire mûrir ou de les laisser mourir ! Il y a comme ça de nombreuses graines étouffées dans leur germe. C'est ça, la liberté de l'homme : le pouvoir de dire oui ou non, d'entretenir ou de laisser périr, de faire fructifier ou de massacrer. »

— Donc, d'après toi, on a une liberté illimitée !

— Pas tout à fait... Disons : une liberté illimitée dans le cadre limité de ce qui nous est destiné. Tu es née au milieu d'un champ de possibles, avec un certain nombre de talents : tu ne peux pas tout faire, il y a même des choses que tu ne sauras jamais faire. Mais il y a beaucoup d'autres choses que tu peux faire, et c'est à toi de choisir parmi ces possibilités, et de faire fructifier ton talent au mieux. Tu comprends ?

Le lendemain, j'étais tellement pressée de voir Raphaël pour lui parler du hasard et de la destinée, que je suis arrivée tout essoufflée :

— Dis-donc Raph'... tu as déjà cultivé...des possibles ?

— Quoi ? Qu'est-ce que tu me chantes là ?

— Des possibles... Il paraît que je suis née

au milieu d'un champ de possibles…

Il a ri aux éclats, Raph'. Il s'est assis par terre, il m'a pris par le bras, et il m'a dit :

— Tu sais que tu es un sacré bout d'chou, toi ! Un champ de possibles, c'est pas comme un champ de poireaux, de tomates ou de pommes de terre !... Ton champ de possibles, ça veut dire : le domaine de ta liberté, l'espace où tu peux faire de tes désirs des réalités, bref l'endroit où les choses te sont accessibles, où des possibilités te sont offertes...

Il est malin, Raph' ! Il a toujours réponse à tout... Je lui ai raconté tout ce que maman m'avait dit. Et puis, je lui ai demandé son avis. Il s'est levé, il a eu un grand geste comme pour me montrer tout l'infini du ciel, et il a dit :

— Carpe Diem…

— Quoi ?

— Carpe Diem : c'est quoi, à ton avis ?

— Je sais pas, moi…Une marque de voiture ?

— Ah! Ah! Ah!

Il arrêtait pas de rire, Raph'.

— Tu brûles, petite princesse ! Il y a un certain rapport avec le code de la route... C'est une Voie, si tu veux. Un code de conduite dans la vie...

Il est redevenu sérieux, il m'a pris par le bras, et j'ai plongé mes yeux dans ses yeux bleus, tellement profondément que j'ai bien cru que j'allais m'y noyer.

— Ecoute-moi bien, et essaie de te souvenir de tout ce que je vais te dire, car c'est très-très important. Carpe Diem, en latin, cela veut dire : « Mets à profit le jour présent. » C'est Horace qui disait ce mot, pour rappeler que la vie est courte et fugitive, et qu'il ne faut pas la gâcher. La plupart des gens ne savent pas mettre à profit le temps qui passe. Ils n'arrêtent pas de dire : « Je n'ai pas le temps, je suis débordé… » C'est le pire des arguments, ça, et ils s'en servent misérablement tout au long de leur vie, comme s'il s'agissait d'une excuse valable ! Rappelle-toi bien : tu n'as pas le temps de perdre ton temps. La vie est trop courte pour la vivre à moitié… Il faut vivre pleinement les heures de ton existence. Toutes ne seront pas intenses, bien sûr, car la vie est faite de contrastes. Mais il faut que tu n'en renies aucune. La plupart des vies sont faites de lamentations, de regrets et d'illusions perdues; les gens disent : « si j'avais eu le temps, j'aurais fais ceci… Ah, si j'avais pu faire cela !.. Que voulez-vous : on ne fait pas ce qu'on veut dans la vie, il faut savoir composer avec la réalité », et toutes sortes d'autres fadaises du même genre ! Moi, je te dis : rêve, Jade, rêve ! Pas pour le plaisir de rêver, mais pour aller jusqu'au bout de tes rêves ! Chacun de nous a un bout de ficelle avec lequel il peut réaliser un noeud qui est celui de la vérité.

« Tu sais combien il y a de secondes dans une seule journée ?.. 86.400 ! Tu vis, chaque jour quatre-vingt six mille quatre cents secondes, te rends-tu compte ? Cela fait une sacrée provision, non ? Tu peux en faire des milliers de choses dans ce laps de temps ! »

J'en revenais pas, moi : j'aurais jamais imaginé qu'autant de secondes puissent tenir dans une toute petite journée ! J'ai pris un papier et un crayon, j'ai fait un calcul, et vous savez quoi ? Je me suis aperçue qu'un bébé, à peine douze jours après être arrivé sur terre, eh ben il était déjà millionnaire…en secondes ! Je me suis dit : qu'est-ce que j'en fais moi de tous ces milliards de milliards de secondes ? Il y en a qui disent que le temps c'est de l'argent; eh bien, j'espère qu'ils se trompent, parce que vous imaginez toutes les dettes qu'on aurait ! Avec tout le temps perdu !.. On aurait des milliards de milliards de dettes ! Mais alors, pourquoi on vit pas mieux sa vie ? Dis, Raph', c'est quoi le sens de la vie ?

— Le sens de la vie ? Voici le secret : « Fais de ton mieux. Puis laisse faire Dieu. » N'écoute pas ceux qui veulent t'éloigner de tes rêves, ceux qui veulent te décourager en chemin, ceux qui n'y croient plus. Que connaissent-ils de ton mystère ? C'est à toi de l'exprimer pleinement, de toutes les forces de ton amour. Il faut être amoureux-fou de la vie ! Il faut oser risquer !

Même quand tu crois oser, tu n'oses jamais assez. Dis toi bien que quand on se donne, ce n'est jamais « trop », c'est toujours « pas assez ». On n'aime jamais trop. On peut se tromper, on peut aimer mal, mais on n'aime jamais assez.

Jamais, tu entends !

« Fais de ton mieux, Jade. Tu sais : le mal, on le fait si bien, et le bien, on le fait si mal… Oui, fais de ton mieux ! Et quand tu auras fait tout ce qu'il t'est possible de faire, n'oublie pas de lâcher prise, et de t'abandonner à la volonté de Dieu. Parce que si tu n'as pas la foi, la vraie, eh bien tes rêves seront emportés comme des feuilles mortes au premier souffle de vent.

« Un jour, Dieu viendra visiter ton jardin intérieur, et il te demandera : « Qu'as-tu fait de ton talent ? » Alors, ce serait bien de pouvoir te retourner avec un grand sourire, et de lui montrer tout ce que tu as fait dans ta vie avec amour : « Voici, Seigneur ! » Et il verra, Dieu, toutes les petites graines que tu as plantées, que tu as entretenues, qui sont devenues petites pousses, puis arbres, fleurs et fruits. Alors, il se tournera vers toi, et je suis prêt à parier qu'il te dira lui aussi : « Tu es un sacré bout d'chou, toi ! »

7.
Le «Spirit of Wonder»

Dieu, moi, j'ai envie de l'épater. C'est vrai que j'aimerais bien qu'il m'admire, qu'il me dise que je suis irrésistible, qu'il me fasse des câlins, quoi ! Avec Raphaël, on s'est créé des connivences, avec plein de mots en langue étrangère, en grec, en latin, en hébreu, pour que personne comprenne, rien que nous deux et Dieu. Nos trois mots de passe principaux, c'est : Carpe Diem, Alléluia et Eurêka. Ce sont des mots-clés qui rentrent dans toutes les serrures de la vie : ils ouvrent toutes les portes, toutes !

Carpe Diem-Alléluia-Eurêka ! C'est notre philosophie, à Raph' et à moi ! Vous voulez que je vous traduise ? Eh bien, premièrement, il faut savoir mettre à profit le jour qui passe (ça, c'est *Carpe Diem*), deuxièmement, il faut être plein d'allégresse pour remercier Dieu de nous avoir donné la vie (*Alléluia!*) troisièmement, il faut passer son temps à chercher des solutions d'espoir, inlassablement, jusqu'à ce qu'on trouve : *Eurêka !* Avec ça, comme dit Raph', on peux vraiment vivre son rêve, au lieu de passer son temps à rêver sa vie !

Raphaël, je l'ai rencontré par hasard sur la colline, un jour où il venait d'atterrir. Parce que je vous ai pas dit : il vole. Non, c'est pas un oiseau, c'est pas un ange non plus, il n'a pas d'ailes : simplement, il pilote un petit avion. Il fait régulièrement des excursions au-dessus de la lande et de la mer. Cette machine-à-s'envoler, il l'a baptisée *Spirit of Wonder*. En anglais, ça veut dire : esprit d'émerveillement.

— Il porte bien son nom, clame-t-il partout, il démarre au quart de tour, vous fait voir les choses comme vous les avez jamais vues, et en plus il est increvable !

J'te jure, celui-là : il aurait pu monter une agence de voyages ! Seulement voilà, les gens n'osent plus monter dans son avion : il faut dire que c'est une « chose » qui n'est plus trop réaliste, qu'il a rafistolée dans tous les sens et qui commence à être salement rongée par l'eau de mer, et passablement déformée par les acrobaties de Raphaël.

Raph', il a beaucoup voyagé, il en a vu de toutes les couleurs de l'arc-en-ciel, et j'aime autant vous dire qu'il sait de quoi il parle ! Il m'a raconté plein de choses de ce qu'il a vu. Par exemple, dans certains pays, il paraît que les églises sont ouvertes toute la journée, toute la nuit, et que les gens y entrent et en sortent quand ils veulent. Il y a beaucoup de vieux qui viennent prier, peut-être parce qu'ils ont peur de la mort. Et il y a beaucoup de jeunes aussi, peut-être parce qu'ils ont peur de la vie. En tout cas, là-bas, les jeunes et les vieux ils se sentent des p'tits choses de rien du tout si Dieu leur donne pas la main. Alors ils vont à l'église prier un p'tit coup, comme d'autres vont au café pour boire un p'tit coup. La différence, c'est que les uns ils le font pour se souvenir, alors que les autres c'est pour oublier. Voilà, voilà.

Selon Raphaël, il y a une qualité qui permet de tout obtenir, d'aller jusqu'au bout de ses rêves, de vivre un grand amour, de ne jamais désespérer, de toujours adorer Dieu, de voler même dans l'infini des choses... Il y a une seule qualité pour arriver à atteindre tout ça ! Cette qualité, selon lui, c'est la plus importante du monde, la plus grande qu'un homme pourra jamais exprimer. Cette qualité, c'est l'esprit d'émerveillement. Carpe Diem-Alléluia-Eurêka :

impossible d'appliquer cette philosophie si on n'a pas l'esprit d'émerveillement. Autant vouloir voler sans ailes!

SPIRIT OF WONDER : c'est écrit en grosses lettres blanches sur sa carlingue. Raph', il dit :

— Le jour où le *Spirit of Wonder* se cassera la gueule, ce sera la fin du monde !

Quand je le vois décoller dans son vieux coucou à hélice, ça me donne des frissons dans le dos. D'abord parce que Raphaël est un vieil ami. Ensuite parce que le jour où « l'esprit d'émerveillement » se froissera les ailes, et qu'il ne pourra plus s'envoler, je me demande bien si le monde continuera de tourner...

Raphaël a divisé le monde des hommes en deux : les *aquoibonariens* et les *pourquoipassiens*. Pour lui, il y a ceux qui disent « A quoi bon ? », et qui ne voient que les obstacles à surmonter; et puis il y a ceux qui disent « Pourquoi pas ? », et qui ne voient que le but à atteindre. Ce qui le rend triste, c'est qu'il y a de plus en plus d'*aquoibonariens*, et que ces gens-là, ce sont des assassins. Ils tuent l'esprit d'émerveillement. Ils trouvent un malin plaisir à tout critiquer, à se plaindre de tout, ils baissent les bras à la première occasion, ils sont blasés, ils traversent la vie comme si rien n'avait véritablement d'importance. Raphaël les appelle les « négatypes », parce que ce sont des créatures qui ont perdu le contact avec la Création. Un jour, Raph', il m'a fait un sermon Carpe Diem-Alléluia-Eurêka, que je suis pas prête d'oublier ! Voilà ce qu'il disait :

— Ne te laisse pas prendre à ce jeu là, ma petite Jade, tu vaux beaucoup mieux que celà. N'aies pas la sottise de vouloir ressembler à tes contemporains ! Lorsque tu t'éveilles le matin, songe que tu n'as aucune certitude d'être vivante au coucher du soleil... N'est-ce pas la meilleure des raisons pour dire chaque jour merci à Celui-qui-meut-l'univers-et-ordonne-toute-chose, merci de faire que la Terre est parfois si jolie ? N'est-ce pas une raison pour t'émerveiller de la Vie, sous quelque forme qu'elle s'exprime — fût-ce l'imperceptible frémissement du brin d'herbe dans la brise du soir ? N'est-ce pas une raison pour rechercher les grandes occasions, les personnes de valeur et tout ce qui est digne d'espoir ? N'est-ce pas une raison pour vivre pleinement tes joies et supporter dignement tes peines ?

« N'oublie jamais de respirer le parfum de la vie, d'entretenir la flamme de l'allégresse intérieure, d'être sensible à la caresse de l'air lorsque tu te déplaces, et d'emplir tous tes sens des images, des senteurs et des mélodies du monde. Oui, n'oublie pas de savourer le goût de la vie, son royal nectar butiné sur des fleurs à la splendeur intacte, ce miel à la tiédeur exquise, aux virtualités secrètes et magiques. »

Alors, moi, devant le commandant du *Spirit of Wonder*, je me suis mise au garde-à-vous, et j'ai lancé comme un serment :

— Carpe Diem ! Alléluia ! Eurêka !

8.
Les B-attitudes

Raph', il parle souvent du bonheur. Selon lui, il y a trois B-attitudes : le Beau, le Bon et le Bien. Si votre climat intérieur se dégrade, c'est sûr : vous avez un problème de B-attitude.

Un jour, il a voulu créer un groupe de gens heureux : le Club de la Bonne Humeur. Le plus dur, ça été pour recruter : on était juste que tous les deux, alors que les gens de mauvaise humeur, ils étaient des millions de millions. Au début, évidemment, le Club de la Bonne Humeur attire beaucoup, parce qu'il y fait toujours beau, seulement c'est très-très difficile. Pas pour y entrer, non : mais pour y rester.

Quand vous vous réveillez le matin, parfois vous êtes tout ensoleillé de bonheur, tellement-tellement que vous rayonnez. Et puis, la journée commence, et vous rencontrez des gens qui ont dans la tête des nuages gris foncé qui filent à la queue-leu-leu. Ils sont si menaçants qu'on a l'impression qu'il suffit de les piquer légèrement pour qu'il se déchaînent en orages. Alors évidemment, c'est pas facile de rester au beau fixe. Au bout d'un moment, vous êtes découragé. Vous avez l'impression de gâcher vos rayons de tendresse pour rien du tout. Et vous finissez par passer de l'autre côté — du côté des gens de mauvaise humeur. Vous vous dites : « Après tout, il n'y a pas de raison que je fasse des efforts, puisque personne n'en fait ! » C'est drôle : c'est comme s'il y avait plus de plaisir à se faire l'avocat du diable que le complice de Dieu. Il n'y a pas de justice !

Raph' dit que la mauvaise humeur, c'est comme la grippe : il suffit qu'il y en ait un qui l'ait pour que dix l'attrapent. Moi, ce que je comprends pas c'est qu'on arrive pas à contaminer les gens aussi avec la bonne humeur. Raph' m'a répondu que les maladies sont beaucoup plus faciles à transmettre que les B-attitudes comme le Beau, le Bon et le Bien. Pourtant, on est tous sous le même ciel, ça devrait suffire pour se tendre la main et se faire des tas de sourires qui réchauffent le cœur. Mon intuition féminine, elle me dit qu'il y a quelque chose qui flotte dans l'air, il y a une tentation. Mais les gens n'osent pas. Y z-osent pas sourire.

Je sais pas pourquoi.

Pourtant, la règle du bonheur, c'est de toujours garder le sourire. Alors comme ça, avec Raph', on a décidé de faire des cures de bonne humeur. Il faut beaucoup jeûner : pendant des jours et des jours, on décide de pas dire un seul mot vilain, méchant ou mal, et de ne voir que ce qui va bien. Même si on a des gros nuages gris foncé qui planent à l'intérieur, eh bien c'est interdit de les faire pleuvoir, on n'a qu'à regarder au-dessus, vous savez : la face qui est toujours tournée vers le soleil. Et quand on a du méli-mélo dans la tête, quand on est en colère à cause de sa grisaille intérieure, il faut dire à M. le Bonheur : « Pardon de t'avoir blessé. J'ai regardé le mauvais côté... » Au début, c'est très-très difficile, parce qu'on aimerait se laisser aller dans ses humeurs. Et puis après, c'est drôlement bon : c'est comme le soleil qui commence à chauffer en plein hiver. Même si les autres sont d'un accueil glacial, eh bien on reste chaleureux, de toute la chaleur qu'on a accumulée pendant sa cure de bonne humeur.

C'est comme ça qu'on peut dessiner la vie avec du Beau, du Bon et du Bien, et faire qu'elle ressemble à une cathédrale plutôt qu'à une vieille cabane pourrie qui menace tous les jours de s'écrouler.

Je sais pas si vous avez remarqué : ce qui sépare les gens, ce sont les mots. Même les p'tits mots de rien du tout, ça peut produire les pire maux. Il y a des mots blessants, et puis aussi des mots qui tuent. Par exemple Raph' il dit que l'amour peut commencer sur un signe et finir par un mot, un mot de trop. Peut-être bien qu'on habille la réalité avec des mots parce qu'on a peur de la voir toute nue. Peut-être bien aussi qu'il vaudrait mieux se taire plus souvent. Apprendre à contempler. Rien dire. Rester dans le silence. Mais pas n'importe quel silence, hein! Il y a toute une gamme de silences : des graves, des aigus, des intenses. Il y a le silence qui cache l'absence et le vide; il y a le silence parce qu'on n'ose pas; il y a le silence parce qu'on ne veut rien dire, ou qu'on s'en fiche; il y a le silence parce qu'on ferme les yeux et qu'on ne veut pas s'occuper de ce qui nous regarde pas : tout ça, c'est pas des beaux silences.

Moi, je parle des silences à étoiles, des silences à deux, avec des signes et des messages et des sculptures de connivence, un silence moelleux et rond comme de la tendresse, et grisant comme de l'amour. Un silence dense, la danse d'un silence…

Les z-amoureux, y z-aiment rien tant que le silence. C'est drôle : c'est quand ils ne disent rien qu'ils s'entendent le mieux… Même que Raph', il a dit un jour : « On reconnaît l'amour véritable à ce que le silence de l'autre n'est plus un vide à remplir, mais une complicité à respecter. » Quand on aime quelqu'un, eh bien, le quelqu'un qu'on aime, c'est comme Dieu : c'est un quelqu'un qui ressemble à personne, qui n'a pas besoin de parler pour être présent, qui est capable de vous fabriquer de l'infini en un sourire et, quand vous pensez à lui très fort, de vous transporter dans un monde qui n'existe pas — ou qui existe seulement quelque part ailleurs.

Raph', je l'ai tout de suite remarqué, même dans le silence, même avant qu'il parle, c'est pas une grande personne comme les autres. Vous en connaissez beaucoup, vous, des grandes personnes qui vont jusqu'au bout de leurs rêves ? Eh ben Raph', lui, il peut ! D'ailleurs, je vais vous dire : c'est pas un monsieur, c'est un p'tit garçon manqué !

9.
Le mystérieux cérémonial

Vous savez comment je l'ai rencontré pour la première fois, Monsieur Saint-Esprit ? Vous allez rire, vous allez croire que je vous raconte des z-histoires, et pourtant c'est exactement comme ça que cela s'est passé.

Dieu m'a donné de rencontrer des gens tout à fait exceptionnels, qui sont devenus des amis. Je dis bien : « Dieu m'a donné », car bien sûr on ne choisit pas, et surtout c'est Dieu qui nous donne progressivement les cartes les plus importantes du jeu de l'existence : les rencontres. Et si je dis que ces gens sont tout à fait exceptionnels, ce n'est pas parce qu'ils sont mes amis, mais parce qu'ils chantent leur vie à pleins poumons, alors que les autres la susurrent du bout des lèvres.

Raphaël, par exemple, c'est comme une allumette : il a l'air de rien comme ça, mais il serait capable d'enflammer le monde entier, tellement il a d'amour qui crépite dans le dedans de lui. Raphaël, comme je vous ai dit, il pilote un vieux coucou, et il parle toujours de

Monsieur Saint-Exupéry — qui était paraît-il un petit prince qui s'est envolé sur une autre planète. Moi, au début, j'avais compris « Monsieur Saint-Esprit », et ça l'a fait éclater de rire. Et puis, il a répété, pensif : « Monsieur Saint-Esprit, monsieur Saint-Esprit… », et il m'a dit : « Tu sais que tu es un sacré phénomène, toi ? » Bon, ça je savais, mais je ne voyais pas où il voulait en venir. Et puis un jour, il est arrivé, il m'a soulevé de terre pour me projeter vers l'infini, tout au bout de ses bras, et il m'a dit avec une grande flamme dans l'âtre de ses yeux :

— Je l'ai rencontré…Monsieur Saint-Esprit !

Je croyais qu'il disait ça rien que pour se moquer, mais il m'a raconté des trucs pas croyables, si bien que j'avais moi-même très envie de rencontrer Monsieur Saint-Esprit.

— Réfléchis à la manière dont se passe ta vie. Les moments importants, est-ce que tu les as vraiment choisis ? Non : ils sont arrivés tous seuls, tu as *été agi*, voilà tout. C'est comme l'enthousiasme : ça passe par toi, mais ça ne dépend pas de toi, en tout cas pas de ta volonté. Parfois, tu mets des années à appliquer ta volonté pour réussir quelque chose, et puis rien ne se passe, ou pas si bien que tu l'avais prévu, et alors tu te dis : « Je n'ai pas mérité ça, je n'ai pas eu de chance, la vie est mal faite ! » Tu as pourtant fait tout ce que tu as pu. Seulement, la bonne volonté, ce n'est pas la volonté active, et la volonté active, ce n'est pas forcément la volonté de Dieu. A d'autres moments, tu ne fais rien, ou pas grand chose, et les choses se déroulent tout naturellement, aboutissent sans le moindre problème. Il suffit parfois d'un geste, d'un regard, d'un sourire, et tout se dénoue d'un seul coup... D'autre part, tu as peut-être remarqué : il t'arrive d'aider les gens et, en échange, tu ne reçois au bout de tes peines que de l'indifférence ou de l'ingratitude; à l'inverse, parce que tu as écouté quelqu'un qui avait besoin de parler, tu t'entends dire merci, comme si tu venais d'accomplir un miracle, alors que tu n'as rien dit, tu n'as pas fait autre chose qu'écouter.

« C'est tout de même extraordinaire, ça, non ? Ce qui fait avancer les choses, ce n'est pas nous et notre petite volonté, c'est notre état d'esprit. Ou, si tu veux, notre aisance à communiquer avec Monsieur Saint-Esprit. »

Sur le moment, je n'ai pas compris grand chose à ce que voulait dire Raphaël. Mais il était tellement enthousiaste pour me raconter tout ça que je l'ai bien écouté, il m'a dit que des comme moi, il y en avait pas deux (il ne manquerait plus que ça, tiens !), et j'ai bien réfléchi à ces histoires de choses qui se déclenchent toutes seules, par une opération du Saint-Esprit. Tous les deux, on est allé voir Amorgen, un maître de tir à l'arc. C'est un vieux sage respectable, et moi je suis vraiment un bout d'chou à côté, mais il veut qu'on parle d'égal à égal, lui et moi, parce qu'il dit que je connais autant de choses que lui, et peut-être même plus. C'est drôle, c'est pas une grande personne comme les autres, une fois je lui ai dit qu'il raisonnait comme un petit garçon de huit ans, et vous savez ce qu'il m'a répondu ? Eh bien qu'il avait cent huit ans, mais qu'à partir de cent ans, on recommence à zéro, donc effectivement il avait huit ans. Je ne sais pas si je dois le croire, j'ai l'impression que c'est un sacré farceur qui cache bien son jeu. En tout cas, s'il a cent huit ans, eh bien il ne les fait pas !

On a donc parlé de Monsieur Saint-Esprit. Une fois de plus, Amorgen avait plein de choses à m'apprendre, car il a beau avoir que huit ans, il a quand même déjà fait un tour de vie, et ça donne pas mal d'avance pour comprendre les choses de l'invisible... Moi et Raphaël, on a passé la soirée chez lui, et je n'oublierais jamais ce que j'ai vu, parce que j'ai l'impression d'avoir gagné cent ans de sagesse. Il y a des p'tites filles qui auraient préféré un sac de bonbons, mais pour moi, cette soirée, j'vous jure : c'était le gros lot !

Laissez-moi vous raconter. On a passé la soirée à discuter dehors, et puis la nuit est devenue très noire, si noire qu'il fallait écarquiller les yeux pour se voir. Alors Amorgen s'est levé, a tourné la tête vers le ciel, et il a dit : « Voici la nuit, voici le silence et le vent, voici la plénitude de l'instant. » Dans ces moments-là, on ne dit rien, on le laisse parler comme si c'était un revenant, un fantôme, un poète, un prophète ou un fou. D'ailleurs, il est un peu tout ça à la fois... Il a dit :

— Jade, va chercher deux cierges ! Raphaël, tu les allumeras et tu les disposeras de chaque côté de la cible, qui est posée là-bas. A partir de cet instant, il est interdit de parler, vous ne ferez usage de la parole que lorsque le jour estompera la magie de cette nuit.

« Imprégnez vous de ce que vous allez voir, suivez bien le cérémonial et, lorsqu'il sera terminé, fermez vos yeux, mettez votre esprit en veilleuse, et méditez, mes amis.

« Méditez la nuit, méditez le silence et le vent, méditez la plénitude de l'instant… »

Moi, ça me donnait un peu la frousse, toute cette histoire, mais j'ai fait ce qu'il m'avait demandé. Avec Raphaël, je suis allé poser les cierges tout là-bas. Je me souviens, c'était drôlement loin, et comme la nuit était très noire, on a failli pas la voir, la cible. Raph' a allumé les cierges, et nous sommes revenus. Par curiosité, j'ai compté mes pas : il y en avait 61 ! Jamais j'aurais cru que c'était si loin, vingt-huit mètres !

Amorgen était assis par terre, en tailleur. On ne distinguait que sa silhouette, et il semblait pétrifié : il était aussi immobile qu'un rocher, et moi ça m'a bigrement impressionnée, parce que je me demandais s'il était pas allé faire un tour de l'autre côté de la vie. Raph' et moi, on n'osait pas bouger, on sentait qu'il allait se passer quelque chose d'important, mais quoi ? On a attendu très longtemps comme ça, et puis enfin Amorgen s'est levé, et il a pris son arc lentement.

Là-bas, la cible était pratiquement indistincte, le vent avait soufflé les chandelles, mais le regard s'était habitué à l'obscurité et en fouillant l'horizon, on devinait vaguement une masse circulaire sombre. Amorgen avait le regard perdu dans cette obscurité, la pointe de l'arc posée sur son genou, tandis que sa main droite palpait doucement une flèche. Il dressa son arc au ralenti, puis tout se passa très rapidement : j'entendis le décochement d'une flèche, un sifflement, un bruit mat, et Amorgen jeta un cri bref. Puis il tira une autre flèche, avec la même assurance. On aurait dit qu'il ne visait pas. Il dit étrangement : « Quelque chose a tiré et a touché la cible. »

Nous sommes allés voir au bout des 61 pas. Avec Raph', on s'est regardé, comme s'il s'était produit un miracle : les deux flèches étaient fichées l'une à côté de l'autre en plein cœur de la cible. Quand on les a enlevées, on s'est aperçu d'une coïncidence assez extraordinaire : les deux trous côte à côte formaient le signe de l'infini ! On est resté dans le noir, longtemps, à penser. Et puis, on est rentré. Moi, je n'ai pas pu fermer l'œil de la nuit. Tu imagines : il était passé là, tout près, presque palpable... Je venais de croiser Monsieur Saint-Esprit !

10.
Monsieur Saint-Esprit

La flèche du dedans. Je venais de prendre conscience qu'on devait être tendu vers un but, comme un arc, dans la bonne direction. Si on a le rythme, le geste, l'équilibre intérieur, alors on atteint la cible, même sans viser. Peut-être même qu'on peut atteindre comme ça l'infini des choses. Amorgen dit : « déchiffrer l'invisible… »

J'ai beaucoup réfléchi à cette histoire de flèche. Je me suis dit : si on peut atteindre sans viser, presque à coup sûr, uniquement par la puissance de l'esprit, peut-être que c'est possible pas seulement pour une cible posée dans un champ, mais aussi dans des buts posés dans la vie. Amorgen m'a dit que j'abordais le thème complexe de l'espace-temps, et je n'ai rien compris à ses explications. Mais j'ai continué mon raisonnement dans ma p'tite tête. Je me suis dit : si Amorgen atteint sa cible rien qu'en visualisant sa flèche en plein dans le mille, il est peut-être possible de faire pareil avec des projets, et là c'est bigrement intéressant. Non mais, vous vous rendez compte : atteindre ses buts à tous les coups, pfft !... en plein dans le mille. C'est-à-dire que pour atteindre un but, il faut d'abord commencer par imaginer qu'on l'a déjà atteint. Mais pas seulement pour le plaisir de rêver : parce qu'on le voit vraiment. D'accord, c'est une vue de l'esprit, mais une vraie projection dans le futur, pas une fanfreluche de l'imaginaire, hein !

La prochaine fois que je vois ma maîtresse, je lui dirai : pour conjuguer sa vie au plus-que-parfait, il faut vivre à la fois au présent et au futur antériorisé ! Sûr qu'elle va me mettre des heures de colle pour me faire réviser la conjugaison des temps !

Bref. C'est un drôle de type, Amorgen. Je le soupçonne d'avoir mis dans la tête de Raph' qu'on n'est rien que des p'tits choses, aussi importants que des brins d'herbe, mais pas plus. Il ne dit jamais « je », parce qu'il prétend qu'il n'agit pas, mais qu'il est agi. Moi, j'ai déjà remarqué ça pour les nuages gris foncé ou l'enthousiasme : ça vient de l'intérieur, mais on sait pas d'où véritablement. Mais de là à penser que pour tout, c'est pareil, qu'il y a une force invisible au fond de nous qui agit à notre place, moi je suis pas sûre du tout. Eh bien lui, si. Il ne dit pas : « J'ai rencontré », mais « Il m'a été donné de rencontrer ». Parfois, cela donne des formules tordantes. Par exemple, il ne dit pas : « J'ai faim », mais « L'honorable estomac est tristement vide ». J'ose pas imaginer comment il s'excuse quand il a l'envie pressante de faire pipi !

Le soir où il a touché la cible dans le noir, il a dit : « Quelque chose a tiré. » Et c'est vrai que c'était bizarre, parce qu'on aurait dit qu'il ne visait pas, que les flèches partaient toutes seules, et volaient vers le but qui leur était donné, comme des oiseaux qui fondent sur leur proie. Infailliblement. En fait, toute cette magie, c'est une opération du Saint-Esprit ! Le Saint-Esprit, il est toujours là quand il se passe des trucs bizarres, qu'on arrive pas à expliquer...

Monsieur Saint-Esprit, c'est quand même un sacré bonhomme ! Il plane sur les choses, sur les gens, sur le monde, il effleure de son aile l'infiniment petit, s'en repart vers l'infiniment grand, n'arrête pas d'aller et venir entre l'ici-bas et l'au-delà. Au fond, il a un job drôlement intéressant. Il se charge de transmettre le souffle du Créateur à la créature, comme si c'était la flamme olympique. Et c'est un peu ça. Car sans lui, la nature serait inanimée, sans souffle, sans rien de très intéressant à vivre. C'est par lui que les choses se font, et que le monde bouge véritablement. Partout où il passe, il y a des métamorphoses, des élans, des frémissements subtils, des intuitions fulgurantes, et des miracles. Comme il est invisible, cela arrange bien les choses : les hommes parlent de hasard, de chance, de circonstances, et j'imagine Monsieur Saint-Esprit, drapé dans son incognito, partir à tire d'aile vers son palais d'azur, à la quête d'une nouvelle mission. Monsieur Saint-Esprit, c'est comme un oiseau : il migre instinctivement vers des horizons où le climat lui convient. Ce qui l'attire le plus, ce ne sont pas les choses belles, bonnes ou grandes, mais ce qui est fait avec grandeur, pureté et beauté. Au fond pour lui, il n'y a qu'une seule chose qui compte… c'est l'esprit. L'esprit dans lequel on fait ce qu'on fait. Dès qu'il y a de l'enthousiasme, de l'espoir, de la joie de vivre, de la fraternité, de la prière, on peut être sûr que M. Saint-Esprit est de la fête ! Là où il y a de la foi, il y a M. Saint-

Esprit. Partout où les cœurs s'embrasent, partout où des lumières s'allument, partout où des flammes brillent (dans le creux des cheminées ou tout au fond des yeux), M. Saint-Esprit est de mèche. Dieu est la lumière, l'homme est le cierge, et M. Saint-Esprit est la mèche. C'est pour ça que si on veut y voir clair, on a intérêt à ne pas perdre de vue l'esprit. Ce n'est pas un hasard si « perdre l'esprit » signifie : devenir fou…

Moi, j'ai dit à Amorgen que j'aimerais bien aussi être agi par Monsieur Saint-Esprit. Il a souri, alors je me suis demandé s'il fallait attendre d'être centenaire pour être assisté par le Saint-Esprit. Mais, non : même les p'tits bouts d'chou comme moi, y z-avaient droit. Alors, comment faire pour le rencontrer ? Amorgen m'a dit qu'il fallait se mettre en état de prière, mais pour de vrai, pas pour faire croire à son voisin qu'on est un saint parce qu'on s'agenouille à l'église. S'abandonner complètement, oublier ce vantard de MOI qui n'arrête pas de prendre la parole à tort et à travers, et qui empêche d'entendre les appels subtils de Dieu. Oublier son enveloppe charnelle, oublier l'existence du monde, et voler dans l'infini à la vitesse de la lumière… Mon vieux, tout ça c'est facile à dire, mais j'aimerais vous y voir !

Amorgen, il était déjà en plein voyage interplanétaire, que moi j'étais encore à regarder bouger les brins d'herbe. Et c'est là... oui, c'est là, que tout a basculé ! A force de regarder danser les brins d'herbe, eh bien moi j'ai fini par me prendre pour un tout petit brin d'herbe, j'vous jure. J'ai frémi comme les milliards de milliards de brin d'herbe dans le vent, j'ai vibré comme les milliards de milliards de secondes dans le temps, et j'ai été parcourue par le souffle. J'ai fermé les yeux, je me suis sentie légère, légère, presque comme de la fumée qui se perd dans l'air en montant vers le ciel. Où est passée la fumée de

Jade ? Volatilisée ! Je n'aurais pas su dire combien de temps cela a duré, c'était comme un instant d'éternité, je veux dire un moment hors du temps, une bribe de rêve entre parenthèses dans la grande phrase de ma vie. Et j'ai compris ce que c'était que prier. Amorgen s'est approché de moi :

— Comment ça va, petite princesse, tu as l'air tout chose !

— ...Je me sens... complètement désincarnée...

Il m'a tapoté la joue, et il m'a dit en souriant :

— Ça va. A te regarder, tu as l'air encore bien en chair !

11.
Croquer la pomme

Carpe Diem-Alléluia-Eurêka. Tu te souviendras, hein ?

Oh, je sais ce que vous pensez. Vous vous dites : c'est quand même pas un bout d'chou haut comme trois pommes qui va nous donner des leçons de morale ! Et pourquoi pas, d'abord ?

J'ai déjà vécu des milliards de milliards de secondes, et peut-être bien que j'en connais autant que le vieil Amorgen qui a vécu cent huit ans.

Une fois même, je suis passée de l'autre côté de la vie. C'était en rêve. J'étais poursuivie par le Diable, qui voulait me faire croire que Dieu et compagnie, c'était de la bêtise. Moi, je l'ai accusé de concurrence déloyale, et il l'a très mal pris. Bref, je ne sais pas trop ce qui s'est passé après, toujours est-il que je suis morte. Alors, je me suis réveillée. J'ai souvent pensé à cette histoire. Je me suis dit : quand on meurt en rêve, on se réveille. Pardi, c'est normal, puisqu'on ne peut pas imaginer ce qu'il y a après la mort ! Et si la vie, c'était tout pareil : oui, peut-être bien que la vie c'est un rêve, et que quand on meurt, on se réveille vraiment. Pour de bon. Dans la vraie vie.

Enfin, bon : qui peut le dire ? On verra ça plus tard, au moment de mourir. Justement, le moment de mourir, c'est comment à votre avis ? Quand on est un p'tit bout d'chou comme moi, il faut se projeter loin dans l'avenir pour savoir. C'est du futur antériorisé, mais à l'échelle galactique ! Je voudrais savoir à quoi on pense avant de mourir, parce que si on savait ça au moment où on naît, peut-être qu'on vivrait autrement...

Moi je sais déjà que lorsqu'on fait le point sur sa vie, à travers ces milliards de milliards de secondes vécues, ces nombreuses rencontres, tous ces actes, tous ces gestes, on s'aperçoit que les instants qui comptent le plus, qui résonnent le plus longuement dans le dedans, ce ne sont pas les actes de volonté, mais les événements qu'on ne prévoit pas, qu'on ne provoque pas et qui s'infiltrent en nous, comme de l'eau dans la terre, pour fertiliser notre petite graine de vie. Alors, on s'ouvre, on s'épanouit, on fleurit, on porte des fruits. La vie devient savoureuse, on a envie de mordre dedans !

Cela me rappelle Fred. Je ne vous en ai pas parlé encore. Pourtant c'est un grand ami, presque aussi grand que Raph' — je veux dire pas seulement par la taille, mais surtout par la place qu'il tient dans mon cœur. Fred, il dit que pour être bien, il faut prendre de la hauteur. Alors, il n'arrête pas de courir à travers les montagnes, pour conquérir des sommets toujours plus hauts. C'est un peu comme Raph' : il cherche toujours à prendre de l'altitude. Une fois, je lui ai demandé : « Le sens de la vie, pour toi, c'est quoi ? » Il a eu un grand sourire, il s'est gratté la tête, et il m'a répondu :

— C'est tellement simple qu'il n'y a rien à raconter. Tout est si naturel en vérité. C'est un peu l'histoire d'une pomme. Elle est là, au fond de ta poche; tu la sens bien ronde et pleine de suc, tu la savoures d'avance. Elle a le parfum de la promesse, cette pomme. Tu attends le moment sublime, tu attends d'arriver au sommet de la montagne, au bout de l'effort. Enfin, tu la sors de ta poche, tu la lustres avec ta manche, tu la fais miroiter au soleil. Elle exhale une senteur qui te fait venir l'eau à la bouche. Et c'est l'instant.

L'instant où une pomme toute simple résume la saveur de la vie.

« Maintenant, si tu es dans une plantation de pommiers, ce sera bien différent. Des pommes, il y en a à bouche-que-veux-tu. Tu peux en goûter à satiété, et tu ne comprendras guère en quoi le goût de la pomme peut être divin. Qu'y a-t-il à dire ? Mon histoire est aussi simple que l'histoire d'une pomme. Et aucun mot ne saura jamais faire comprendre la saveur d'un fruit convoîté… »

Moi je les comprends, les mots de Fred. L'important, c'est le goût de vivre, c'est de savourer le goût de la vie. C'est un cadeau formidable quand on y pense ! Formidable, vraiment...

— La pomme ne change pas dans sa réalité, mais la voilà transfigurée par une façon de voir, de goûter, de ressentir. Comprends-tu ?

« Tout le mystère de la vie est dans tes yeux. Il suffit de les exercer à percer l'apparence des choses. Et dis toi bien que lorsque l'univers te paraît s'assombrir, ce n'est pas parce que les portes se ferment devant toi, mais parce que ton regard se dérobe à la lumière… »

12.
Comment reconnaître les clins-Dieu

Evidemment, le problème, quand on cherche à percer les mystères de la vie, c'est de ne pas se tromper de signe. Avec un peu d'habitude, c'est assez simple, parce qu'il y a des clins-Dieu partout.

D'abord, Dieu, on le trouve partout où il y a de la lumière. La lumière est invisible, vous êtes d'accord; ce qu'on voit, ce sont des choses éclairées. Eh bien Dieu c'est pareil : il est invisible; ce qu'on voit, ce sont les choses qu'il éclaire. Et pour ce qui est du soleil, vous pouvez lui faire confiance à Dieu, il en connaît un rayon !

Dieu est dans le soleil de jour, dans la lune de nuit, et quand il a des éclipses, il apparaît discrètement dans l'obscure clarté des étoiles.

Dans les églises et les cathédrales, les bâtisseurs ont tout fait pour que Dieu s'infiltre à l'intérieur quand il veut, par les vitraux, les rosaces, et tutti quanti. Mais il y a bien d'autres lumières : dans le scintillement d'un torrent, dans l'or des feuilles d'automne, sur la nacre des dents quand on sourit, dans la goutte de rosée, dans les yeux de maman quand elle me regarde avec son grand soleil de tendresse.

C'est par les yeux que tu perçois la lumière qui vient du dehors, c'est par les yeux que tu exprimes la lumière qui vient du dedans. Tu as remarqué : c'est par les yeux que tu reçois et que tu donnes. Comme dit Fred, les yeux, c'est fait pour percer l'apparence des choses...

Au début, je comprenais pas vraiment : tous les gens, lorsqu'ils priaient Dieu, ils disaient : « Délivre-nous de notre cécité. » J'ai demandé à Raph' ce que ça voulait dire, « cécité ». Il m'a dit que c'était le fait d'être aveugle. Je me suis dit : « C'est pas possible ! Alors, tous ces gens, ils sont aveugles... Les pauvres ! » Raph', il m'a dit que moi aussi j'étais aveugle. Alors là, je lui ai dit : « J'te demande pardon, mais moi je vois tout à fait clair ! ». Il m'a dit : « Pas du tout ! », et je me suis vexée. J'avais l'impression qu'il disait ça rien que pour me faire rager. Alors il m'a demandé :

— Puisque tu vois si clair, peux-tu me dire la couleur du vent, où est Monsieur Saint-Esprit, et de quoi demain sera fait ? Peux-tu me dire si la rencontre que tu vas faire aujourd'hui va changer toute ta vie, ou bien si tu vas l'oublier dans quelques jours ? Peux-tu me dire ce qu'il y a derrière l'horizon ? Et pourquoi tu ne peux voir les étoiles que la nuit ?

Je suis restée bouche bée. Evidemment que je ne pouvais pas le dire !

— La moralité, m'a dit Raph', c'est que nous voyons le monde présent et le monde visible. Mais l'avenir et le monde invisible échappent à notre perception.

— Et Amorgen alors ? Il est bien un déchiffreur d'invisible, non ?

— Il déchiffre, oui, avec la complicité de Monsieur Saint-Esprit. C'est pour ça qu'il doit méditer longtemps avant. Pour avoir une vision claire, ou plus exactement une clairvoyance. Mais il ne voit pas avec les yeux. Tu sais ce que disait le petit prince de M. Saint-Exupéry : « On ne voit bien qu'avec le cœur. L'essentiel est invisible pour les yeux. »

Donc, je venais de comprendre quelque chose de bigrement important : les vérités cachées, ça n'existe pas. Les vérités ne se cachent pas. C'est notre étrange cécité qui nous empêche de les percevoir... Raison de plus pour faire attention aux clins-Dieu !

Raph', c'est le cas de le dire, il venait de m'ouvrir les yeux! Parce que ça révolutionnait complètement ma manière de prier, cette découverte-là ! Habituellement, quand on prie, on demande à Dieu plein de trucs, qu'on croit bons sur le moment. Mais puisqu'on est aveugle, comment peut-on savoir si ce sera toujours bon, plus tard ? On fait des choix, on prie pour que ça marche, et ça échoue. Alors on a une crise de foi, on se dit : « Si Dieu existait, eh bien il y aurait une justice ! » C'est drôle, dès qu'on a quelque chose à reprocher à Dieu, dès qu'il fait pas ce qu'on lui a demandé de faire, on se venge en lui disant qu'il existe pas ! Tu parles, Dieu, il rit comme un beau diable !

D'ailleurs, je suis sûr que si Dieu faisait notre volonté ce serait catastrophique ! Il réaliserait tous nos caprices, et on s'apercevrait plus tard qu'on s'est trompé. Alors, on se tournerait vers Dieu, et on lui dirait : « Pourquoi tu m'as laissé faire ça ? » Donc il vaut mieux s'abandonner à la volonté de Dieu, rien désirer d'autre que ce qu'il veut lui. Tout le reste, c'est de l'orgueil, de la vanité et de l'aveuglement. Quand je prie, maintenant, je demande plus rien à Dieu. Qu'est-ce que je pourrais lui demander puisque je suis aveugle, et que je ne sais pas ce qui est bien et mal ? Ce qui est bien aujourd'hui, demain je peux m'apercevoir que c'est mal. Alors ? Alors, ma prière, elle tient en cinq mots, qui ne changent jamais : « Que ta volonté soit faite. » Dieu merci… Merci, Dieu !

Les clins-Dieu, au début, j'arrivais pas bien à les reconnaître. Moi, je croyais que Dieu, il était rien que dans des choses sacrées, qu'on le rencontrait que dans du solennel, comme à la messe le dimanche. Eh bien, pas du tout ! Dieu, il est partout. Pour la bonne raison que c'est lui qui a fabriqué le monde entier. Il est dans l'eau qui coule, dans l'oiseau qui chante, dans la sueur des hommes, et dans le cœur qui donne. Même les p'tits riens, si on les fait avec l'élan du dedans, ils sont divins ! Les sandwiches que maman me prépare, par exemple, c'est pas rien que du pain avec du jambon au milieu. Elle met de la tendresse dedans, elle pense que son p'tit bout d'chou, il sera drôlement content de mordre dans le sandwich quand il aura faim. Et c'est vrai que le sandwich, alors, il est divin ! Il y a aussi les bonbons que maman glisse dans ma poche : ils sont si délicieusement sucrés, ils ont tellement la saveur de la tendresse, que pour moi, ce sont des bonbons-Dieu ! C'est comme si le petit Jésus vous descendait dans la gorge en culotte de velours… Ça me fait fondre à chaque fois.

Donc Dieu, il est responsable de toute la Création, on dit même que c'est le Grand Architecte. Autant vous dire que c'est quelqu'un ! D'ailleurs, si vous n'êtes pas content, en tant que locataire de passage, vous n'avez qu'à dire : « Appelez-moi le propriétaire ! » Dieu arrivera dans la seconde et demandera : « C'est à quel sujet ? »

Il voudrait que tout le monde soit content, Dieu, sur la Terre des hommes. Seulement les gens, quand ça va pas, y z-osent pas lui faire signe. Ils se disent : « Dieu, il a pas que ça à faire ! » Eh bien si, justement, c'est son grand plaisir : être là dès qu'on a besoin de lui, répondre toujours présent, mais à condition

qu'on l'appelle, parce que — je vous l'ai déjà dit
— il ne veut pas forcer votre porte. Alors, faites-
lui plaisir : demandez-lui service ! Ça m'arrive
souvent, à moi. Je l'invite dans mon fort
intérieur. Dès qu'il est rentré… hop! je lève le
pont-levis, et on discute rien que tous les deux.
Il me donne des conseils pour cultiver mon
jardin intérieur, il me dit comment il faut s'y
prendre pour que mes fleurs s'épanouissent, pour
que mes arbres donnent plein de fruits, et pour
que les racines elles aillent profond-profond.
Parfois, il se fait un peu prier, il faut attendre
vingt-quatre, quarante-huit heures, mais il finit
toujours par arriver. Il répond pas forcément du
tac-au-tac, il joue pas le malin, d'ailleurs je vais
vous dire : il répond pas avec des réponses, il
répond avec des questions. Il ne dit jamais :
« Fais ceci, fais celà », il prend la voix de la
conscience pour dire : « Est-ce que tu ne crois
pas que… » Comme ça, vous avez l'impression
d'être libre tout en faisant la volonté de Dieu...
Voilà, voilà.

Dieu, c'est comme un papa. Il a l'air sévère,
comme ça, difficile à aborder, on a toujours
l'impression qu'il a autre chose à faire, des
choses sérieuses, importantes, et puis on

s'aperçoit qu'il a tout plein de tendresse dans le dedans de lui, et même s'il veut pas trop le montrer, eh bien il est drôlement fier qu'on soit ses z-enfants...

13.
Ce qui est important
pour l'avenir de l'humanité

Dieu, il est tellement malin que pour pas que tu l'oublies, il a mis un petit bout de lui dans le dedans de toi. Un jour, Raph' m'a parlé drôlement d'une sorte de statue qu'on avait tous à l'intérieur de nous.

— Il y a des bribes de Dieu, des fragments d'éternité, des petits bouts de vérité. Çà et là, ici et maintenant, partout et toujours. Tout est là, et pourtant tout reste à faire. C'est comme si Dieu te livrait un bloc de marbre : il t'a donné assez de liberté, de talent et d'esprit pour que tu décides d'en faire quelque chose. Et si possible quelque chose de joli : une statue par exemple. Mais si tu réfléchis : la statue qui va naître de tes mains, de tes coups de gouge à droite à gauche, tu ne l'as pas véritablement créée. Elle était déjà contenue dans le bloc de marbre. Tu l'as fait jaillir de la matière, tu l'as révélée. Si Dieu ne t'avait pas donné la matière et l'esprit, il ne t'aurait pas donné l'occasion de créer une statue.

« Eh bien, imagine maintenant que le bloc de marbre, ce soit ta vie. Dieu t'a donné assez de liberté, de talent et d'esprit pour en faire quelque chose. Et si possible quelque chose de réussi : une destinée heureuse par exemple. Mais si tu réfléchis : la destinée qui va naître de tes efforts, de tes cheminements de-ci de-là, tu ne l'as pas véritablement choisie. Elle était déjà contenue dans ta vie. Tu l'as fait jaillir de toi, tu l'as révélée. Si Dieu ne t'avait pas fait corps et esprit, il ne t'aurait pas donné l'occasion de vivre ta vie.

« J'ai beaucoup réfléchi à ça : notre vie, il faut la tailler, il faut lui donner une forme, laisser un peu venir la patine du temps, il faut transformer le rocher brut et le polir pour en faire quelque chose qui ressemble à une sculpture. Moi, il y a des jours où je me prends pour Michel-Ange... »

Il y a des choses, moi, qui me trépassent.

Les gens, ils parlent tous de la paix, et ils n'arrêtent pas de se faire la guerre. Plus ils ont tout pour être heureux, et moins ils sont heureux. C'est tout d'même bizarre, non ? Moi, je comprends pas bien. Une fois, j'en ai parlé au Frère Michel, qui est un ambassadeur de Dieu.

Lui, quand il parle, c'est pas pour faire des prêchi-prêcha, c'est pour des grandes envolées lyriques qui vous font monter l'âme vers le ciel. Quand il fait des sermons Carpe Diem-Alléluia-Eurêka, il est tellement céleste, il donne tellement de frissons que les gens, à la fin de l'office, ils se lèvent pour applaudir. L'autre jour, il faisait plein de gestes, il dressait l'index vers le ciel, et les gens ils étaient pétrifiés de divin. Frère Michel disait :

— Au lieu de songer à conquérir le monde, l'homme ferait mieux de songer à reconquérir sa souveraineté intérieure ! Il faudrait que vous appreniez à remettre un peu d'ordre dans votre jardin secret, en arrachant les mauvaises herbes de l'irrésolution, de l'égoïsme, de la cupidité et de l'orgueil, et en cultivant un peu mieux les graines de certitude, de joie et de partage…

« Mes chers paroissiens…une petite fille est venue me voir cette semaine, et j'ai pu constater que le taux de moralité enfantine est en nette progression ! Peut-être bien que les enfants commencent à ressembler un peu moins à leur époque, et un peu plus à Dieu… Eh bien, prenez-en de la graine ! Et cette graine là, sachez la cultiver : car elle peut donner des fleurs merveilleuses, et peut-être bien qu'il n'y a rien de plus important pour l'avenir de l'humanité !... »

Je me suis dit qu'il y allait quand même un peu fort, Frère Michel, et j'ai un peu rougi, parce que la p'tite fille…pardi, je savais bien qui c'était ! Je suis retournée le voir, et je lui ai demandé :

— A quoi ça sert de prier, si on est tout seul à le faire, pendant que les autres, ils pensent rien qu'à faire la guerre ! Tu crois qu'un p'tit bout d'chou comme moi, ça peut changer l'avenir de l'humanité ?!

— Parfaitement, Jade, je le crois ! D'abord, tu n'es pas toute seule à prier. Il y a des milliers de milliers de gens, peut-être des millions, qui prient ici et là dans le monde, au moment même où nous discutons. Oui, en ce moment... C'est ce qu'on appelle la communion. Toi, tu ne peux pas le voir, mais Dieu le voit.

— Et comment il peut le voir ?

— Quand tu regardes la lune, ou une étoile, eh bien il se peut qu'une petite fille que tu ne connais pas, à l'autre bout du monde, regarde aussi la lune ou la même étoile, exactement au même moment. Dieu, lui, voit les choses de là-haut : c'est-à-dire qu'il peut voir tout à la fois Jade et la petite fille qui est à l'autre bout du monde. Tu comprends…

— Mais s'il est tout là-haut, comment il peut nous voir, nous, parmi les milliers de milliers ?

— Ecoute… Essaie d'imaginer que quand tu pries, tu deviens une lumière pour le monde. Donc, tous les gens qui prient, c'est comme si c'étaient autant de lumières qui montent dans la nuit. Et alors, grâce à Dieu, grâce à Monsieur Saint-Esprit, grâce à la communion des saints, le ciel réfléchit cette lumière et éclaire le monde. Et c'est comme ça que le monde va bien. Si personne ne priait, il n'y aurait plus de lumière, et le monde entier sombrerait dans l'obscurité, le chaos, les ténèbres.

« C'est pour cela que ta prière est importante, Jade. Parce que même si tu étais toute seule à prier, même s'il n'y avait qu'une lumière qui restait éclairée, eh bien cela suffirait pour sauver le monde ! »

J'aime bien l'écouter, Frère Michel, parce que c'est un illuminé, et comme il illumine, il m'aide à y voir clair ! Tout d'même, ça m'a flanqué un peu la frousse, parce que je me suis dit qu'il y avait peut-être un soir où j'avais failli oublier de prier et que, un peu plus, si ça se trouve, le monde entier aurait pu se trouver dans le noir complet ! Je pensais pas que j'étais quelqu'un d'aussi important, moi !... Mais il m'a dit aussi, Frère Michel, que prier c'était pas uniquement avec des mots, c'était en répandant de l'amour tout autour, chaque jour, comme quand on met de la lumière qui diffuse dans une pièce noire. Donc, il faut être illuminé de l'intérieur pour éclairer à l'extérieur.

Parfois, il donne des grands coups de pied dans les fesses de la conscience des gens, Frère Michel, mais il a tant d'amour dans les yeux, que toutes les paroissiennes elles en tombent à genoux. Même que c'est pour ça que mes copains, plus tard ils veulent être curés. Un jour, je lui ai demandé :

— Frère Michel, c'est quoi aimer ?

— C'est avoir envie de faire plaisir rien que pour le plaisir de faire plaisir...

— Gratis pro Deo ?, je lui ai dit.

— Bravo ! C'est exactement ça : pour l'amour de Dieu. Ce que tu dois aimer dans l'autre, ce n'est pas son reflet, ce n'est pas le reflet de toi-même, c'est le reflet de Dieu.

— Et... on peut être amoureuse de Dieu, tu crois ? C'est pas un péché ?

— Non seulement c'est le contraire d'un péché, mais c'est de la sainteté !

— Et on est très-très heureux quand on aime très-très beaucoup ?

— Bien sûr, tu le sais bien.

— Oui, mais il y a des gens qui disent : « Moi, je ne peux pas être heureux si les gens que j'aime sont malheureux... »

— Eh bien, ça fait un malheureux de plus ! Et un malheureux de plus, tu crois que ça fait le bonheur ? Ça fait même le bonheur de personne : chacun reste dans son coin en attendant qu'il y en ait un qui se décide à donner le ton, à montrer l'exemple en étant heureux !

— Alors, comment il faut faire ?

— Aimer, ce n'est pas vouloir rendre l'autre heureux. C'est être heureux, et offrir son bonheur à l'autre.

—…Je commence à comprendre ! je lui ai dit.

En fait, je comprenais pas très bien. A la réflexion, je me suis dit qu'aimer, ça devait être encore une histoire de Carpe Diem-Alléluia-Eurêka.

Moi, il m'impressionne un peu, Frère Michel, parce que quand il regarde, on dirait qu'il voit à travers. Il est habitué à déchiffrer l'invisible, alors en un coup d'œil, il lit votre topographie sentimentale, comme si vos yeux c'était une carte de géographie, ou bien un livre d'histoires, ou bien un bulletin météo qui donne le temps qu'il fait à l'intérieur. Par exemple, je suis sûre qu'il a deviné que j'étais amoureuse de Dieu… Et puis, il déchiffre pas seulement l'invisible, mais aussi le grec, le latin et l'hébreu, et ça c'est très embêtant, parce que mes secrets avec Raph', tintin !..il comprend tout...

Frère Michel, il a tout plein de copains qui ont des noms bizarres, comme Platon, Aristote, Plutarque, Jean Chrysostome. Epictète, aussi. Je m'en souviens de celui-là, parce que c'est lui, paraît-il, qui a dit un jour : « Les hommes se rendent malheureux non par les choses qui arrivent, mais par leur manière de voir les choses qui arrivent. » J'ai pensé à mes nuages gris foncé, et j'ai dit à Frère Michel que j'aimerais bien le rencontrer, Epictète, histoire de causer un moment avec lui. Il a éclaté de rire, et il m'a dit que c'était tout bonnement impossible.

— Pourquoi, c'est pas possible ? Tu crois que je suis trop p'tite ?

Il continuait de rire :

— Non, c'est plutôt parce qu'il est trop vieux !

— Ah!.. Quel âge il a ?

— Pas loin de 2000 ans !

— Et alors ? Moi je connais un vieux maître qui a 108 ans… Eh bien, on est très copains, tous les deux !

— C'est possible, petite Jade, mais Epictète, lui, est mort depuis longtemps...

— Ah!.. Alors, il faut attendre de passer de l'autre côté de la vie pour le rencontrer ?

— C'est ça, peut-être bien...

— Dommage ! J'avais plein de trucs à lui dire... J'espère que je m'en rappellerai, plus tard.

Je lui ai demandé, à Frère Michel, pourquoi il fréquentait des types qui étaient morts depuis belle lurette. Il m'a répondu que c'était parce qu'ils avaient bien plus de choses à dire que les vivants.

— Rapport à leur sagesse ?

— Sans doute. Mais surtout, grâce à eux, on peut rassembler des fragments d'éternité.

— ...C'est quoi, des fragments d'éternité ?

Il a eu son grand sourire, comme une éclaircie rayonnante qui chasse le brouillard dans les esprits chagrins :

— C'est un peu comme un puzzle, vois-tu. Tu as des petits morceaux éparpillés, et tu dois essayer de trouver un ensemble cohérent, tu emboîtes des petites pièces de vérité les unes dans les autres. C'est mon grand passe-temps à moi...

— Et quand le puzzle est terminé, c'est quoi l'image de la fin ?

— Ça, je ne sais pas encore. Et toi, qu'en penses-tu ?

— J'ai comme l'impression que ça pourrait bien être l'image du bon Dieu... Non ?

14.
Un peu comme une prière

Ça m'est déjà arrivé de me remettre en question. Quoi : c'est pas la mort à boire ! Tu pars un jour en pleine solitude intérieure. C'est une sacrée expérience, ça, et même une expérience sacrée ! Frère Michel, il répète souvent ce qu'un de ses copains grecs disait : « Mon Dieu, donnez-moi le courage de changer les choses que je peux changer, la sérénité d'accepter les choses que je ne peux pas changer, et la sagesse d'en voir la différence. »

C'est la grande traversée du désert. Quand tu as au-dessus de la tête, et tout autour, des milliers de milliers d'étoiles, quand le silence te fait dans le creux du cou un grand baiser d'éternité, eh bien, j'te jure, tu as un tremblement de l'être, un séisme invisible qui te chamboule les idées. Après, tu les retrouves pêle-mêle, enchevêtrées, faut tout passer au tamis pour distinguer la poussière et la poudre d'or... Quand tu as été bien remué comme ça, c'est sûr, tu es capable de métamorphoser des pépites d'enchantement avec des paillettes d'idées neuves. Carpe Diem-Alléluia-Eurêka !

Dieu, il a tout plein de sésames dans son escarcelle. Il est même bien plus fort qu'Ali-Baba. Il peut dire n'importe quand : « Homme, ouvre-toi ! », et l'homme ouvre son cœur, parce que c'est l'endroit que Dieu donne comme rendez-vous quand il veut rendre visite à quelqu'un.

Ce matin, j'étais tellement heureuse que j'avais envie de serrer le monde entier contre moi dans mes deux petits bras, de le barbouiller de bisous, et de lui faire des câlins avec un grand soleil de tendresse, comme maman fait quand je suis chagrin. Peut-être que le monde, il irait mieux après : il n'y aurait plus de nuages gris foncé au-dessus, mais rien que du ciel bleu à perte de vue, à perte d'infini ! Peut-être que les hommes, ils ne penseraient plus qu'à sourire, parce qu'ils se sentiraient aimés. Ce serait drôlement chouette, la vie, non ?! On inviterait Monsieur Saint-Esprit pour trinquer à la vie, à l'amour, à l'éternité ! On entendrait monter des chants dans la nuit, dans le vent. Amorgen leur apprendrait, aux hommes, la plénitude de l'instant. Frère Michel, il en reviendrait pas de voir des millions de millions de lumières monter vers le ciel. Et Raph', il aurait tout plein de clients : le *Spirit of Wonder* serait la mascotte des temps nouveaux ! Ouais ! Tout le monde redécouvrirait l'Esprit d'Émerveillement... Ce serait un sacré grand jour, ça !

Quand tu débordes de bonheur, tu as envie de rendre les autres heureux. Et tu les aimes tellement que tu as envie de les serrer très fort-très fort contre toi, et même plus fort encore, comme si tu faisais un peu partie d'eux et comme s'ils faisaient un peu partie de toi. Même que — j'ai pas très bien compris — Raph' m'a dit que c'était ce miracle du cœur qui permettait de fabriquer des z-enfants.

Ce matin, la vie m'a paru tellement savoureuse, tellement pleine de suc et de fruissance, que j'avais envie de mordre dedans, à pleines dents. Tellement-tellement que ça me faisait briller les yeux.

J'ai pensé à l'histoire de Fred et de sa pomme. « Tout le mystère de la vie est dans tes yeux. Il suffit de les exercer à percer l'apparence des choses. » Eh bien justement, ce matin, le monde il débordait de lumière. Il est devenu tellement transparent qu'on voyait à travers, derrière l'apparence des choses ! J'avais l'impression qu'une main invisible caressait le paysage, et tout était embelli : chaque chose, chaque oiseau, chaque arbre, chaque feuille, chaque brin d'herbe, tout devenait plus beau de se sentir aimé. Tu sais, on embellit quand on se sent aimé… Regarde les fleurs le matin, comme elles s'ouvrent quand le soleil les caresse : elles deviennent belles pour avoir accueilli la beauté; on dirait qu'elles sont touchées par une grâce.

Moi, je me sentais si bien dans toute cette lumière que je découvrais le bonheur de respirer comme si c'était la première fois. C'est comme si j'aspirais un peu de fumée de Dieu à chaque fois. J'aurais voulu partir en fumée, moi aussi, pour être encore plus légère, et puis faire partie de l'air que l'on respire. Ça serait bien si je pouvais m'évaporer, pfft!.. comme ça, dans l'infini... Je m'amuserais comme Monsieur Saint-Esprit : je serais partout et nulle part, et personne le saurait — rien que Dieu. Je prendrais la forme d'un sourire, et j'irais me poser sur les lèvres de quelqu'un de très triste. Je prendrais le son d'un rire, et j'irais le faire éclater au milieu d'une table d'amis. Je prendrais la saveur d'un baiser, et j'irais me cacher tout au fond du cœur des amoureux. J'irais voir les gens compliqués, je monterais par l'échelle jusqu'au subconscient du troisième étage, et je leur chuchoterais : « Profite de la vie ! Elle est trop courte pour la vivre à moitié... C'est aujourd'hui que tu dois être heureux... Ici et maintenant ! Carpe Diem ! Carpe Diem... » Et ça leur résonnerait dans la tête, encore et encore. Et moi, je leur déverrouillerais les portes, je les aiderais à délabyrinther pour pas qu'ils s'enferment à l'intérieur d'eux-mêmes, je secouerais le p'tit bonhomme ou la p'tite bonne femme qui dort tout au fond d'eux, je leur apprendrais à oublier les problèmes qu'ils s'inventent, je les obligerais à regarder la lumière pour pas qu'ils restent tout seuls dans le noir, je...

J'arriverai à leur faire briller les yeux, j'y arriverai !.. La vie, ils voudront la croquer comme une pomme, mais il faudra d'abord qu'ils montent tout au sommet de la montagne, comme Fred, pour la mériter, pour mériter sa pleine saveur. Je leur apprendrai à penser si fort à Dieu que chaque action sera une prière. Et comme Dieu adore se faire prier, tout le monde sera content : ça lui donnera envie de faire des miracles plus souvent.

...Jade, tu ne crois pas que tu vas un peu loin ? Tu ne serais pas en train de te prendre pour le bon Dieu, par hasard ?

Là, j'ai rougi, parce que, oui, j'avoue : j'étais en train de me prendre pour le bon Dieu... Mais je crois qu'il me pardonnera d'avoir voulu prendre sa place. Après tout, je suis rien qu'un p'tit bout d'chou, alors mon péché, c'est proportionnel : ça peut être qu'un péché mignon ! J'ai besoin qu'il m'aime très fort-très fort, mon Dieu à moi. Même si je sais que Dieu, il est à tout le monde, eh bien ça ne fait rien : je fais comme s'il était à moi toute seule, comme s'il avait un p'tit faible pour Jade, par rapport à tous les milliards d'êtres humains et de brins d'herbe. D'ailleurs des comme-moi, Dieu, il en fabrique pas tous les jours, hein ! Ça lui demande beaucoup de travail, alors après, il se repose. Il met un peu de coquetterie par ci, un peu de malice par là, un peu de sensibilité partout, de la gaieté en altitude et du mystère en profondeur. Quand il met tout ça dans la même personne, le résultat c'est un coktail pétillant, fruité et tonique, qui s'appelle Jade !

Bon, pour me faire pardonner d'avoir voulu prendre la place de Dieu, je vais me faire toute petite-petite. Je vais me cacher parmi tous les milliards de brins d'herbe, et je vais lui faire une prière. Mais pas avec des mots. Avec la musique du vent, et toute la force du dedans. Monsieur Saint-Esprit, ce sera le général en chef de l'armée des brins d'herbe ! Ou bien mieux : ce sera le chef d'orchestre ! Et dans la brise du soir, au coucher du soleil, tous les brins d'herbe se mettront au diapason de Dieu, et ça fera un hymne si harmonieux et si beau dans le creux de l'oreille que Dieu, il en aura des frissons dans le dos et que...oui, peut-être même qu'il en pleurera.

Hier soir, avant de m'endormir, j'ai dit à Dieu : « Que ta volonté soit faite. » Et puis, j'ai pensé qu'il y avait peut-être une manière plus jolie de le dire. Au fond, y a rien que Dieu qui peut sauver le monde dans sa saveur... J'ai réfléchi, et alors j'ai dit : « Que ta volonté soit fête ! »

Eh bien, tu sais quoi ? Il a souri et, j'te jure...il m'a fait un sacré clin-Dieu !

Table

Postface
en guise d'hommage.
Jade a été mise en livre comme on met un parfum dans un flacon : non pas pour l'enfermer, mais précisément pour que ce parfum — dans sa trace invisible et insistante — vienne égayer l'atmosphère, exhaler sa fragrance vivifiante à tous les vents, taquiner jusqu'à notre manière de respirer l'instant, en un mot… donner envie de voir la vie en beau. Et si j'ai aujourd'hui des gratitudes à exprimer, c'est que Jade est bien plus qu'une héroïne de livre, et bien mieux qu'une créature éthérée sortie d'un conte. Comment dire ? On parle d'un "esprit de parfum" lorsqu'on recueille la quintessence des fleurs après distillation, n'est-ce pas ? Eh bien, pareillement, on peut parler d'un "esprit de Jade" aussi subtil et aussi peu définissable qu'un parfum de nuit d'été, d'enfance et de ciel. Je ne dis pas cela pour faire joli, mais parce que c'est vrai. Peut-être penserez-vous que je veux me mettre en valeur. Or, je vous promets que je n'y suis vraiment pour rien : c'est une divine alchimie que, naturellement, seul M. Saint-Esprit est capable de réaliser.

Amis lecteurs, vous avez de telles initiatives pour manifester votre suffrage pour Jade que je reçois, en dépit de mon anonymat médiatique, une qualité et une ferveur de témoignages à faire pâlir n'importe quelle personnalité en vue ! Cette irrévérence me plaît. Elle prouve que c'est l'esprit d'enfance qui sauvera le monde, que la joie est dans l'école buissonnière et que la vérité est un jeu consistant à voler à tire d'âme de terre à paradis ! Et surtout, surtout, que l'émerveillement est comparable au firmament, purifié des

114

mauvaises brumes de la résignation et de l'indifférence. Sous
sa lumière apparaissent magnifiquement les clairs horizons
de l'espérance.

De nombreux lecteurs m'ont écrit qu'après avoir lu
Jade, jamais plus ils ne regarderaient la vie comme avant.

Pareille appréciation m'enchante et me fascine.

Précisément, la plus belle chose que l'on puisse apporter
aux autres, n'est-ce pas de les révéler à eux-mêmes ? De les
inviter à rejoindre l'autre rive où les attend le festin des
noces éternelles ? Voulez-vous connaître le plus beau
compliment qu'il m'ait été donné de recevoir ? Il est comme
le murmure d'une source vive, et incite à respirer fort
comme l'on fait au contact d'un air de haute altitude. Il dit :
«Merci d'exister». Mieux qu'un compliment, c'est un
débordement d'amour ! Dans la bouche de ma bien-aimée, ce
mot m'a fait littéralement renaître; sous la plume de mes
lecteurs, il m'encourage à donner le meilleur de moi-même.
Je crois bien que c'est avec Jade que j'ai compris cette petite
vérité essentielle : exister véritablement, c'est «être» de
toutes les fibres de son être. Il ne peut y avoir de plénitude
sans engagement. Et il ne peut y avoir d'engagement sans foi
ni don de soi. C'est cela : croire et donner. N'est-ce pas la
plus authentique façon d'aimer ?

A de nombreuses reprises, on m'a suggéré d'écrire une
suite de Jade : j'ai décidé de répondre non. Jade n'est pas un
filon commercial, mais une offrande. Non pas une petite
histoire, mais un mystère à respecter.

D'ailleurs, la plus belle chose qui puisse arriver à Jade,
c'est de continuer à vivre dans le cœur de chacun d'entre
vous, bien au-delà de toutes les anecdotes rapportées dans

le livre. Vous verrez : si vous l'aimez vraiment, Jade va tellement imprégner votre existence qu'elle vous accompagnera partout, dans tous les sacrés mystères de la vie. Quoi qu'il en soit, elle aura semé en vous une merveilleuse question : « comment trouver le lien entre ma petite graine de vie et le grand bouquet de l'infini ? » Cette question là, vous n'avez pas fini de l'approfondir, parce que c'est bien simple, elle est comme le ciel : elle n'a pas de fond. Au-delà du temps et de la carapace des choses, tout au fond des regards et de la forte espérance qui nous tend vers demain, il y a un centre, un cœur, et c'est l'Amour qui le fait palpiter. L'Amour, dans le filigrane duquel on devine Dieu. Mais l'Amour ne délivre pas de réponse : il respecte infiniment la liberté intérieure de chacun, il se love tout au creux du silence, il invite avec délicatesse à passer de quelque chose à quelqu'un. Il engage à approfondir un mystère. Le mystère sacré de la vie.

Que Dieu vous garde dans la beauté de ce mystère et dans la conscience savourante de vivre !

Carpe Diem ! Alléluia ! Eurêka !

Les Marquisats, Janvier 1996

Notes de lecture

Ces extraits n'ont pas pour but d'épargner au lecteur paresseux ou pressé la lecture de l'intégralité du livre, mais au contraire de l'inviter à en déguster quelques tranches par le menu, pour autant qu'il sache en apprécier la fraîcheur apéritive.

Ces notes abordent les principaux thèmes du livre en les regroupant par affinités. Elles seront appréciées par les lecteurs familiers de cet ouvrage qui souhaitent retrouver un passage plus aisément.

Les chiffres précédant chaque passage renvoient aux pages du livre d'où la phrase est extraite.

■ Dieu intime — Dieu universel

19. Il me rend tellement heureuse, Dieu, que j'aimerais parfois qu'il soit à moi toute seule, comme un fiancé. Ce que j'arrive pas à comprendre c'est qu'il n'appartient à personne et qu'il est à tout le monde. Il est à la fois public et privé, impersonnel et intime, invisible et présent.

22. Dieu, c'est difficile à expliquer, c'est quelqu'un qui ressemble à personne, on ne l'entend pas avec les oreilles et on ne le voit pas avec les yeux. On le sent, c'est tout.

67. Quand on aime quelqu'un, eh bien le quelqu'un qu'on aime, c'est comme Dieu : c'est un quelqu'un qui ressemble à personne, qui n'a pas besoin de parler pour être présent, qui est capable de vous fabriquer de l'infini en un sourire et, quand vous pensez à lui très fort, de vous transporter dans un monde qui n'existe pas — ou qui existe seulement quelque part ailleurs.

■ Présence de Dieu et de l'Esprit saint

96. Dieu, il est tellement malin que pour pas que tu l'oublies, il a mis un petit bout de lui dans le dedans de toi.

94. Dieu, c'est comme un papa. Il a l'air sévère, comme ça, difficile à aborder, on a toujours l'impression qu'il a autre chose à faire, des choses sérieuses, importantes, et puis on s'aperçoit qu'il a tout plein de tendresse dans le dedans de lui, et même s'il veut pas trop le montrer, eh bien il est drôlement fier qu'on soit ses enfants…

80. Dès qu'il y a de l'enthousiasme, de l'espoir, de la joie de vivre, de la fraternité, de la prière, on peut être sûr que M. Saint-Esprit est de la fête !

107. Dieu, il a tout plein de sésames dans son escarcelle. Il est même bien plus fort qu'Ali-Baba. Il peut dire n'importe quand : «Homme, ouvre-toi !», et l'homme ouvre son cœur, parce que c'est l'endroit que Dieu donne comme rendez-vous quand il veut rendre visite à quelqu'un.

■ Monde visible — Monde invisible

87. Tout le mystère de la vie est dans tes yeux. Il suffit de les exercer à percer l'apparence des choses. Et dis toi bien que lorsque l'univers paraît s'assombrir, ce n'est pas parce que les portes se ferment devant toi, mais parce que ton regard se dérobe à la lumière…

20. Peut-être bien que le monde invisible, c'est plus beau et plus vrai que le monde visible ! Comment savoir ? Parfois, j'ai envie de bien ranger les tiroirs qui sont dans ma tête, comme s'ils contenaient des messages importants. Trier, ne conserver que l'essentiel, faire le vide pour faire un peu plus de place à Dieu, pour m'emplir de divin, quoi!

22. La présence de l'Esprit, c'est facile à reconnaître : on respire un parfum d'harmonie, d'équilibre et de transparence. C'est simple, c'est comme si l'homme ressentait une connivence. Une connivence entre sa petite graine de vie et le grand bouquet de l'infini, entre le visible et l'invisible.

90. Nous voyons le monde présent et le monde visible. Mais l'avenir et le monde invisible échappent à notre perception.

41. Quand on surfe au-dessus du compréhensible, on doit s'abandonner au rythme de la vague, c'est la seule manière de ne pas perdre l'équilibre et de pas se retrouver le bec dans l'eau !

■ Joie de l'homme — Joie de Dieu

88. Dieu, on le trouve partout où il y a de la lumière.

23. L'avantage, quand on est Dieu, c'est qu'on peut fabriquer de la joie avec n'importe quoi. Même avec de la peine, même avec de la souffrance.

25. Notre esprit peut rester au beau fixe s'il est tourné vers le haut, c'est-à-dire vers le bon Dieu. Si on sait regarder le dessus du dedans, on n'est jamais sens dessus-dessous!

34. A quoi sert un surcroît de sagesse, pensa-t-il, si celui-ci n'est qu'appréhension du lendemain, ou perpétuelle expectative de l'événement contraire ? Les meilleures choses ont peut-être une fin. Mais elles ont aussi un commencement. Alors, commençons d'être heureux.

88. Pour ce qui est du soleil, vous pouvez lui faire confiance à Dieu, il en connaît un rayon !

108. Ce matin, la vie m'a paru tellement savoureuse, tellement pleine de suc et de fruissance, que j'avais envie de mordre dedans, à pleines dents. Tellement-tellement que ça me faisait briller les yeux.

■ Volonté humaine — Volonté de Dieu

36. Dans la vie, l'important ce n'est pas la volonté, c'est l'abandon. C'est simple : plutôt que de compter sur ma petite volonté personnelle, je m'en remets à la volonté de Dieu. Je me suis aperçue qu'il faisait les choses beaucoup mieux que moi, Dieu.

41. L'abandon amène l'abondance, abondance perpétuelle.

Là où il y a de l'abandon, il y a de l'amour, et là où il y a de l'amour, il y a Dieu.

70. Ce qui fait avancer les choses, ce n'est pas nous et notre petite volonté, c'est notre état d'esprit. Ou, si tu veux, notre aisance à communiquer avec Monsieur Saint-Esprit.

112. Que ta volonté soit fête !

■ La foi : la source et la flamme

13. Elle me disait qu'elle voulait être non pas une femme, mais une flamme.

14. Elle me parlait d'une flamme, mais pas comme toutes les flammes, une flamme à la fois toute petite et fragile et qui, bien qu'exposée à tous les vents, ne s'éteindrait jamais, n'arrêterait pas de danser, pour apporter de la chaleur, de la lumière et de la joie à tous ceux qui l'approcheraient.

81. Dieu est la lumière, l'homme est le cierge, et M. Saint-Esprit est la mèche.

38. Tant que t'as pas Dieu dans le dedans de toi, tu es comme une coquille vide, tu es seul, complètement seul.

42. Laisser Dieu couler en nous comme une source. Tout simplement. Quand tu auras compris ça, tu verras : la vie, ça coule de source…

■ Savoir vivre

14/15. Sa règle de savoir vivre, ce n'est pas d'éviter de mettre les coudes sur la table. C'est d'apprendre à se tenir droit, entendez : à tenir son esprit droit. Pour être tout à fait digne de participer au festin de la vie.

43. Vivre, c'est pas seulement respirer, bouger, se lever, travailler et aller chercher de l'argent à la banque ! A la fin de votre vie, vous croyez que vous vous en souviendrez de tout ça ?

44. Vous vous dites : «On verra ça plus tard». Mais qu'est-ce que ça veut dire «plus tard» ? Vous voulez vraiment que je vous le dise ? Eh bien, ça veut dire «jamais» !

85. Je voudrais savoir à quoi on pense avant de mourir, parce que si on savait ça au moment où on naît, peut-être qu'on vivrait autrement…

61. N'aie pas la sottise de vouloir ressembler à tes contemporains !

61. Vivre pleinement tes joies et supporter dignement tes peines.

■ Aimer en vérité

101/102. — C'est quoi aimer ?
— C'est avoir envie de faire plaisir rien que pour le plaisir de faire plaisir…

25. Une personne, c'est un peu comme un paysage. Si vous l'aimez vraiment, vous n'avez pas besoin qu'elle soit tout le temps au beau fixe pour l'aimer.

33. Si chacun s'enferme chez soi parce qu'il craint la pluie, alors les saisons passent de façon monotone, chacun reste à l'abri des plus beaux états d'âme de la nature qui, dans l'âme humaine, s'appellent les passions.

37. La vie, c'est une grande histoire d'amour, et les gens la ratent parce qu'ils aiment pas assez.

67. On reconnaît l'amour véritable à ce que le silence de l'autre n'est plus un vide à remplir, mais une complicité à respecter.

102. Ce que tu dois aimer dans l'autre, ce n'est pas son reflet, ce n'est pas le reflet de toi-même, c'est le reflet de Dieu.

102. Aimer, ce n'est pas vouloir rendre l'autre heureux. C'est être heureux, et offrir son bonheur à l'autre.

■ De l'ardeur réalisatrice à l'audace de vivre...

12. Une des trouvailles de Jade, c'est que le rêve ne s'use que si l'on ne s'en sert pas.

13. Nos rêves, il faut nous y consacrer ici et maintenant. Et y goûter avec des yeux qui brillent, comme brillent les yeux d'enfants lorsqu'ils découvrent un cadeau longtemps désiré.

45. Vous savez pourquoi les gens, y z-osent pas ? Eh bien parce qu'ils ont fait de leur vie un petit filet d'eau. Ils ont peur de manquer, alors ils ouvrent le robinet tout doucement, ils font du goutte-à-goutte pour s'économiser.

60. Il y a ceux qui disent «A quoi bon ?», et qui ne voient que les obstacles à surmonter; et puis il y a ceux qui disent «Pourquoi pas?», et qui ne voient que le but à atteindre.

■ La conscience savourante de vivre...

53. Rappelle-toi bien : tu n'as pas le temps de perdre ton temps. La vie est trop courte pour la vivre à moitié. Il faut vivre pleinement les heures de ton existence. Toutes ne seront pas intenses, bien sûr, car la vie est faite de contrastes. Mais il faut que tu n'en renies aucune.

54. Tu vis chaque jour quatre-vingt six mille quatre cents secondes, te rends-tu compte ? Cela fait une sacrée provision, non ? Tu peux en faire des milliers de choses dans ce laps de temps !

55. Même quand tu crois oser, tu n'oses jamais assez. Dis toi bien que quand on se donne, ce n'est jamais «trop», c'est toujours «pas assez». On n'aime jamais trop. On peut se tromper, on peut aimer mal, mais on n'aime jamais assez. Jamais, tu entends!

62. N'oublie pas de savourer le goût de la vie, son royal nectar butiné sur des fleurs à la splendeur intacte, ce miel à la tiédeur exquise, aux virtualités secrètes et magiques.

■ «Spirit of wonder», l'esprit d'émerveillement

59. Il y a une qualité qui permet de tout obtenir, d'aller jusqu'au bout de ses rêves, de vivre un grand amour, de ne jamais désespérer, de toujours adorer Dieu, de voler même dans l'infini des choses (…)
Cette qualité, c'est la plus importante du monde, la plus grande qu'un homme pourra jamais exprimer.
Cette qualité, c'est l'esprit d'émerveillement.

87. L'important, c'est le goût de vivre, c'est de savourer le goût de la vie. C'est un cadeau formidable quand on y pense! Formidable, vraiment…

107. Ce matin, j'étais tellement heureuse que j'avais envie de serrer le monde entier contre moi dans mes deux petits bras, de le barbouiller de bisous, et de lui faire des câlins avec un grand soleil de tendresse, comme maman fait quand je suis chagrin.

■ Le sens de la vie

54. Le sens de la vie ? Voici le secret : «Fais de ton mieux. Puis laisse faire Dieu».

44. Il y a ce que vous voulez avoir, mais ça c'est votre affaire. Ce qui est beaucoup plus intéressant, c'est ce que vous voulez être.

51. C'est ça, la liberté de l'homme : le pouvoir de dire oui ou non, d'entretenir ou de laisser périr, de faire fructifier ou de massacrer.

73. Méditez la nuit, méditez le silence et le vent,
méditez la plénitude de l'instant…

110. Je leur apprendrai à penser si fort à Dieu que chaque action sera une prière.

■ Le bonheur d'être

86. Pour être bien, il faut prendre de la hauteur.

63. Il y a trois B-attitudes : le Beau, le Bon et le Bien.

65. La règle du bonheur, c'est de toujours garder le sourire. Alors comme ça, avec Raph', on a décidé de faire des cures de bonne humeur.

97. Les gens, ils parlent tous de la paix, et ils n'arrêtent pas de se faire la guerre. Plus ils ont tout pour être heureux, et moins ils sont heureux. C'est tout d'même bizarre, non ?

109. Je me sentais si bien dans toute cette lumière que je découvrais le bonheur de respirer comme si c'était la première fois.

■ Sublime gratuité, noblesse de cœur et richesse intérieure…

44. Si vous pouvez le faire et que vous le faites pas, à quoi ça sert que vous puissiez le faire ? Vous êtes pas plus avancé que celui qui peut pas. Vous êtes même moins avancé. Parce que celui qui ne peut pas, ce n'est pas de sa faute, tandis que vous, c'est que vous gâchez votre talent.

46. Plus on fait les choses gratuitement, et plus on devient riche.

47. Le plus grand plaisir…c'est le plaisir de faire plaisir. Au plaisir de Dieu! Gratis pro Deo!

47. Les sentiments qui ne sont pas donnés sont des sentiments perdus!

47. Ça me déplairait pas, moi, de devenir milliardaire en sentiments !

85. Les instants qui comptent le plus, qui résonnent le plus longuement dans le dedans, ce ne sont pas les actes de volonté, mais les événements qu'on ne prévoit pas, qu'on ne provoque pas et qui s'infiltrent en nous, comme de l'eau dans la terre, pour fertiliser notre petite graine de vie. Alors, on s'ouvre, on s'épanouit, on fleurit, on porte des fruits.

■ Les chemins d'intériorité

66. Peut-être bien qu'on habille la réalité avec des mots parce qu'on a peur de la voir toute nue. Peut-être bien aussi qu'il vaudrait mieux se taire plus souvent. Apprendre à contempler. Rien dire. Rester dans le silence.

89. C'est par les yeux que tu perçois la lumière qui vient du dehors, c'est par les yeux que tu exprimes la lumière qui vient du dedans. Tu as remarqué : c'est par les yeux que tu reçois et que tu donnes.

91. Les vérités cachées, ça n'existe pas. Les vérités ne se cachent pas. C'est notre étrange cécité qui nous empêche de les percevoir…

101. Prier, c'est pas uniquement avec des mots, c'est en répandant de l'amour tout autour, chaque jour, comme quand on met de la lumière qui diffuse dans une pièce noire. Donc, il faut être illuminé de l'intérieur pour éclairer à l'extérieur.

Dessin extrait du carnet de croquis de l'auteur

CE BOUGEOIR A ÉTÉ CONFECTIONNÉ *avec le plus grand soin dans la tradition artisanale française, à partir de matériaux entièrement naturels. En sa présence romantique, nous vous souhaitons de beaux instants de complicité, de joie, de rêve ou de méditation.*

SELON LA POÉSIE *qu'inspire à votre cœur la saison qui passe, il vous est loisible de remplacer la petite fleur en papier par une fleur naturelle, une pincée de brins d'herbe, un épi de blé, une paire de cerises, quelques brins de lavande, une feuille d'arbre ou tout autre petit trésor de la nature cueilli au hasard de vos promenades champêtres.*

Bougeoir avec silhouette Jade
réalisé d'après un dessin original de F. Garagnon,
auteur du livre Jade.

Figurine métal noir mat / Socle en bois peint avec coupelle
métallique intégrée / Rose en papier et tissu / Bougie perle nacrée /
Hauteur de l'ensemble : 22 cm / Dimension socle : 11,5 x 11,5 cm
Poids : 400 g environ. Présenté sous coffret-carton.
QUALITÉ ARTISANALE
FABRICATION FRANÇAISE
Prix : 175FF*

B O U G E O I R
JADE
un clin-Dieu
tout feu tout flamme

---

* Si votre libraire ne le diffuse pas, il vous est loisible de commander le bougeoir JADE par correspondance. Pour le recevoir directement chez vous, utilisez un bon de commande des Éditions Monte-Cristo ou faites la demande sur papier libre en indiquant clairement vos nom et adresse et en joignant un chèque de 197FF (incluant votre participation aux frais d'expédition) libellé à l'ordre de MONTE-CRISTO. Le bougeoir JADE vous parviendra sous huitaine.

ÉDITIONS MONTE-CRISTO – 48, rue des Marquisats 74000 Annecy

« Elle me parlait d'une flamme, mais pas comme toutes les flammes, une flamme à la fois toute petite et fragile et qui, bien qu'exposée à tous les vents, ne s'éteindrait jamais, n'arrêterait pas de danser, pour apporter de la chaleur, de la lumière et de la joie à tous ceux qui l'approcheraient ».

[extrait de «Jade et les sacrés mystères de la vie »]

En arrière-plan : livre JADE dans sa version luxe sous étui-fourreau pelliculé

ÉDITIONS MONTE-CRISTO

ET SI L'ON PARLAIT
DU SENS DE LA VIE...

ACHEVÉ D'IMPRIMER PEU AVANT L'ASCENSION DE L'AN DE GRÂCE
MILLE NEUF CENT QUATRE-VINGT DIX-HUIT
SUR LES PRESSES DE L'IMPRIMERIE DARANTIERE A QUÉTIGNY
1ER DÉPÔT LÉGAL DE CETTE VERSION : PREMIER TRIMESTRE 1996